그 남자는 책을 읽었다

세계문학 전집을 읽으며 나를 찾아가는 시간

그 남자는 책을 읽었다

최에스더

사부작북스

서문
나의 세계문학 도전기

 그해 겨울이 좀 이상하긴 했다. 그 좋아하던 고무줄놀이, 살구 받기, 다망구, 숨바꼭질, 씨차기, 진돌, 오징어 달구지가 시들해져 버렸다. 겨울철 골목 놀이에 열정이 떨어진 건 나만이 아니었다. 친구들도 나도 서로를 부르러 다니지 않았고, 모두 집안에 틀어박혀 자기만의 시간을 보냈다. 긴긴 유년의 끝, 이 겨울만 지나면 여중생이 된다. 교복 자율화 1세대로서 극적인 외모의 변화를 동반하지 못한 채, 비록 중닭 신세로 입학해야 했으나, 아직도 한심한 장난이나 일삼는 남자애들과 드디어 결별하고, 이제 여학생들만의 세상으로 향할 터였다. 놀고 있을 때가 아니다.
 설레고 들뜨고 부푼 마음을 안고 부지런히 문방구를 오갔다. 철저한 입학 준비를 위한 쇼핑이 이어졌다. 초등학교에 속한 모든 것을 내다 버리고 여중생의 것들로 채우기 바빴다. 볼펜과 샤프, 사인펜, 오빠들이 쓰던 가는 줄이 쳐진 학생 노트도 사고, 등에 메는 초등학생용 가방 대신 한쪽 어깨에 걸치는 가방도 샀다. 이렇게 문구류 레벨업의 흥분에 빠진 나를 교회 언니들이 시내에 데리고 나가서 여학생을 위한 소지품 일체를 사줬다. 손거울, 빗, 손수건, 반짇고리 세트, 이 모든 걸 담는 예쁜 파우치까지. 감격, 또 감격! 얼마나 자주 꺼내 봤는지 입학 무렵에는 나달나달해질 정도였다. 언니가 없었던 나에게, 즉, 이런 예쁜 팬시 용품들은 구경도 못 해본 나에게 새로운 세계가 열린 것이다. 우등생 친구들이 미리 중학교 참고서를 사서 탄탄한 내신 준비를 하고 있을 때 나는 문방구에서 팔던 〈여학생〉이라는 잡지까지 사서 소녀들의 에티켓 연구에 푹 빠져 있었다.

한편, 나는 겨울방학 내내 친구네 소장품이었던 '소년 소녀 세계문학 전집'을 읽었다. 친구 집에 놀러 가서 한 권 꺼내 읽은 게 재미있어서, 40여 권 되는 전집을 거의 다 빌려 읽었던 것 같다. 빌리러 가던 길이 신났을까, 빌려서 오던 길이 더 신났을까? 나는 마지막 페이지를 덮자마자 벌떡 일어나 달려나갔고, 새로운 책을 들고 집으로 오자마자 방바닥에 엎드려 이불을 뒤집어쓰고 바로 읽기에 돌입했다. 그렇게 겨울방학을 보내고 퉁퉁 부은 눈과 제멋대로 길어서 덥수룩해진 머리를 한 채 여중생이 되었다.

중학교 첫 여름방학.
'교회 수련회도 다녀왔고 이제 뭘 하나. 오빠들 방이나 한번 뒤져볼까.'
지난겨울 독서 체험 덕분에 책에 대한 겁을 상실한 나는 오빠들 책상 위 책부터 넘겨본다.
'음… 재미없군….'
책장 앞에 선다. 위에서부터 쭉 훑어내려 온다.
'대망 시리즈, 관심 없고….'
그런데 본격 '세계문학 전집'이 있다. '소년·소녀' 딱지를 뗀 것들이다. 이 점이 매우 마음에 든다. 제목도 낭만적이다.
'채털리 부인의 사랑, 보바리 부인, 바람과 함께 사라지다.'
읽어봐야지. 비닐 옷까지 입고 있는 두꺼운 양장본의 책을 아무거나 하나 꺼낸다. 먼지 냄새, 종이 냄새 풀풀 난다. 세로 읽기다. 몇 장을 넘겼는데도 무슨 말인지 하나도 모르겠다.

'아, 지루해. 잠 온다.'

내 머리 위로 잠이 막 쏟아졌다. 이런 책들 말고는 도전할 만한 책이 집에 없기도 했지만, 생각해보면 이때 이미 나의 지적 허영이 시작된 것 같다. 과시용 독서를 추구하는 헛바람은 어디에서 들었을까? 나도 읽어봤다 그거지. 잘나야 한다는 강박이었나, 달라야 한다는 환상이었나. 중고등학교 내내 심심하면 이 책들을 꺼내 들었다. 성실하고 알차게 처음부터 끝까지 읽은 책은 한 권도 없고, 등장인물 설명 부분을 보고 대충 스토리를 이해하고 읽을지 말지 결정하는 왕초보 독서인이었다.

제법 읽어가다가도 미련 없이 책을 덮을 수 있었던 건, 규칙을 모르는 운동경기를 보는 기분이어서였다. 작품의 시대적 배경에 대한 지식은 전무하고, 대사를 통해서 사건의 진행만 알지, 인물의 성격이나 내면 묘사를 하나도 잡아내지 못하니, 뭐라는 건지 전혀 모르는 거다.

다만 인상 깊었던 건 책마다 이국의 풍경을 묘사한 대목이었다. 졸음에 빠져들면서도 '이런 곳에 꼭 한번 가보고 싶다'는 생각이 들었다. 내가 끌린 것은 햇빛 쏟아지는 화원의 꽃들보다는 바람에 휘어지는 언덕 위 풀들이었으니 황량함이 주는 쓸쓸함이 달콤해진, 바야흐로 사춘기였다.

그다음은 대학에 가고 나서였다.
내가 입학했을 때만 해도 대학교 정문 앞 큰 거리는 서점들이 장악하고 있었다. 요즘으로 치면 프랜차이즈 카페나 이동통신 대리점, 올리브영이나 맥도날드가 있을 법한 곳을 큰 서점들이 차지하고 있었다. 서점은 마치 채소랑 과일을 쌓아놓고 팔 듯, 문밖까지 책이 쌓여 있었다. 서점 안은 책을 사러 온 학생들로 차 있어서 서가를 지나가는 데 애를 먹었다. 먹고 노는 가게들은 다 지하나 뒷골목으로 밀려나 있었다.
대학 합격과 동시에 내 할 일을 다 끝냈다는 착각에 빠진 나는 혼자서 시간 보내기 딱 좋은 지하 만화방에서 실컷 낄낄거리고 나오면 매우 지적인 바깥 풍경에 기가 죽었다. 어디 서점이라도 찍고 집으로 가야겠다는 반성이 저절로 나왔다. 전공 서적을 사러 가는 서점이 있고, 시집이나 한 권 사러 가는 서점이 따로 있었는데 후자를 찾아 들어간다.
거기에는 제목은 알지만, 내용은 하나도 모르는 책들이 가득했다. 내 무식함이 나를 조롱한다. 이 책, 저 책 구경한다. 그러다 벌써 까마득한 옛날처럼 느껴지는 학창 시절, 내 심심풀이이자 수면제였던 세계문학이, 크고 먼지 나던 양장본 전집이 아니라 손안에 앙증맞게 들어오는 낱권으로 진열되어 있었다. 중학교 1학년 여름방학 우리 집 책장 앞에 서 있던 나와 대학생이 된 지금 내가 별반 다르지 않구나. 모르긴 매한가지였다.

초등학교 6학년 겨울방학 때부터 약 1년 전까지 40년이 훌쩍 넘도록 세계문학을 손에서 완전히 놓은 적은 없다. 수십 권씩 소장하는 레벨은 아니었지만 내 책장에 소중히 꽂아두고 혼자가 되고 싶을 때마다 꺼내서 읽었다. 참 이상한 건 아무리 띄엄띄엄 읽었다고 하지만, 같은 책을 여러 번 읽었는데도 내용을 제대로 이해하지 못한다는 사실이다. 읽을 때마다 내용이 새롭고, 읽은 후에도 여전히 주인공의 처사가 이해 안 되는, 누가 무슨 내용이냐고 물으면 입이 막히는 그런 수준을 맴돌고 있었다.

그러던 내가 2년 전, 그러니까 2023년 여름부터 다시 세계문학을 읽기 시작했다. 그런데, 갑자기 작품이 다 이해가 되었다. 읽는 족족 해석이 가능했다. 무엇보다 너무 재미있었다!

이 극적 도약의 이유를 아직도 모르겠다. 내 일신의 큰 변화가 있었지만, 그게 문학작품 해석 능력에 영향을 미쳤다고 하기엔 설득력이 부족하다. 예전에는 머나먼 이국의 낯선 이들의 이야기 같더니, 지금은 하나하나 속속들이 내 이야기이다. 주연과 조연, 남자와 여자, 아이와 노인, 행복한 자와 불행한 자, 선인과 악인을 가리지 않고 등장인물 모두에 여기저기 내가 흩어져 있었다. 나만 있는 게 아니었다. 내 인생에 끼어든 각종 악당이 멀게는 백여 년 전 다른 대륙에 사는 작가가 쓴 책 속에도 버젓이 살아 숨 쉬고 있었다.

'나만 당한 게 아니구나. 나 같은 찌질이가 옛날에도 있었구나.'

말로 표현이 안 되어 주먹으로 가슴만 치던 내 눈앞에, '그 기분은 바로 이렇게 말할 수 있는 거야'라고, 그 똑똑한 작가들이 명쾌하게 글로 풀어주고 있었다.

'아, 속 시원해!'

한두 작가가 아니었다. 고전문학의 반열에 오른 작품을 쓴 작가들은 모두가 사람의 생각과 감정과 관계에서 오는 갈등을 포착하고 표현하는 데 천재들이다. 그들이 만들어낸 인물들 속에 나의 슬픔이 있고, 나의 고독이 있고, 나의 외로움과 상처가, 희열과 깨달음이 있었다.

 나만 그런 게 아니라는 사실을 내가 사는 세상이 아니라 책 속에서 얻었다. 이토록 큰 위로가 되었던 것은, '너만 그런 게 아니야, 누구나 그래'라는 맥 빠지는 공감 화법에 그치지 않고, 작품 속 인물의 생애, 그의 치열한 삶을 통해서, 내 안에서 풀어내지 못한 의문에 대한 해답을 들을 수 있어서였다. 그때마다 나는 울었고, 눈물을 닦고 나면 숨이 크게 쉬어졌다.

 책을 읽는 사람들은 따로 있다. 책을 읽게 되는 때도 따로 있다. 책을 읽는 사람들이 받는 스트레스도 따로 있고, 그들이 맞닥뜨리는 절망도 따로 있다. 그러므로 이런 사람들이 받아야 할 위로도 따로 있다. 차 한 잔, 멋진 풍경, 좋은 사람들과의 담소, 맛있는 음식 같은 것들로 해결이 안 되는 차원에 그들이 있다. 상처받은 독서인들이 세계문학을 찾아 들어갈 때, 책 한 권이 가진 위로의 길을 완주하도록 돕고 싶어서 이 책을 쓰게 되었다.

 각 작품을 공들여 읽고, 해석하고, 나의 감상을 솔직하게 썼지만 내 글은 겨우 뼈대를 보여주는 것에 불과하다. 즉 해골 상태라는 것이다. 부디 직접 작품을 읽어보시기를 간곡히 권한다. 뼈대 위에 핏줄과 신경, 근육과 힘줄 그리고 피부가 덮여 독자와 함께 생동하는 작품의 들숨과 날숨을 느껴 보시길!

문학작품에 눈을 뜨면서 작품 속 주인공들이 하나같이 '독서광'이라는 사실이 참 흥미로웠다. '글을 쓰는 남자' 이전에 '글을 읽는 남자'가 존재했다는 말 아닌가. 작품이 쓰인 시대에 교육의 기회를 먼저 가진 쪽은 절대적으로 남자였기에 남성 작가가 대다수였고, 따라서 주인공도 남자인 경우가 대부분이었다. 이 두 가지 사실이 교차하는 지점에서 이 책의 제목을 뽑아냈다.

이 책을 통해 '남자란 어떤 존재인가'를 선불리 말하려 들지 않겠다. 그건 전혀 다른 서사다. '남자라서, 남자니까' 이런 게 전혀 보이지 않는 점이 내가 만난 소설 속 주인공들의 특징이랄까. 그저 한 인간으로서 연약하고, 외롭고 그러나 자기 자신이기를 포기하지 않았던 사람들의 이야기다.

세계문학을 읽고 또 읽다 보니 어느덧 내가 이 경지에 올랐나 싶은 게 '번역'이다.

'번역을 따지다니. 나 정말 전문가가 되었나?'

혼자 웃는다. 우선은 이 모든 작품을 번역한 각각의 번역가들에게 깊은 감사를 표한다. 한국어의 호흡으로 다른 나라 작품을 살아 숨 쉬게 하는 능력이라니! 이번 작업을 하면서 번역이 약한 책과 강한 책을 저절로 알게 되는 덤까지 얻었다.

배울 게 많은 세상이다. 돌아서면 새로운 게 또 나와 있다. 조금만 놓쳐도 뒤떨어져 구닥다리가 된 기분이 들기도 하겠지만 본질이 달라질 일은 없으니 안심하시라. 그러나, '인간 이해', 이걸 놓치면 '나'라는 감옥에 갇혀 평생 불행하다. 인간 이해를 돕는 것이 좋은 책 바르게 읽기다. 독자들의 고전 읽기를 돕는다는 것은 그들의 인간 이해를 돕는 것이라는 생각으로 이 책을 썼다.

부디 자유하시기를.

부디 행복하시기를.

2025년 3월
최에스더

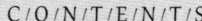

C/O/N/T/E/N/T/S

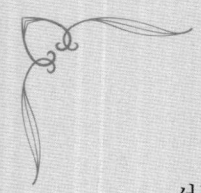

서문

1부
세상의 틀 밖으로

수레바퀴 아래서 Unterm Rad
　- 헤르만 헤세　　　　　　　　　　　　　18

데미안 Demian
　- 헤르만 헤세　　　　　　　　　　　　　38

페터 카멘친트 Peter Camenzind
　- 헤르만 헤세　　　　　　　　　　　　　58

호밀밭의 파수꾼 The Catcher in the Rye
　- 제롬 데이비드 샐린저　　　　　　　　　74

2부
운명의 갈림길에서

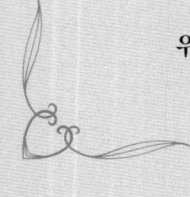

위대한 개츠비 The Great Gatsby
　- 프랜시스 스콧 피츠제럴드　　　　　　　96

예브게니 오네긴 Евгений Онегин
— 알렉산드르 푸시킨 120

이방인 L'Étranger
— 알베르 카뮈 136

폭풍의 언덕 Wuthering Heights
— 에밀리 브론테 160

달과 6펜스 The Moon and Sixpence
— 서머싯 몸 182

롤리타 Lolita
— 블라디미르 나보코프 200

3부
열정의 끝에서

열정 Die Glut
— 산도르 마라이 224

노인과 바다 The Old Man and the Sea
— 어니스트 헤밍웨이 248

부록

The man who read

1부

세상의 틀 밖으로

헤르만 헤세
Hermann Hesse, 1877–1962

수레바퀴 아래서
Unterm Rad

The man who read

✣

 학창 시절, 내게 너무 일찍 찾아온 성적의 곤두박질. 현실을 받아들이기까지 꽤 시간이 걸렸고 마침내 해법을 찾기 위해 나서 봤으나, 결국 찾지 못한 채로 중요한 시절이 다 가고 때가 되어 교문 밖으로 내던져지고 말았다. 매번 졸업식을 치를 때마다 진지하게 자문했다.
 '내가 대체 아는 게 뭐지? 아, 나는 정말 제대로 아는 게 하나도 없구나!'
 이 상태로 성인이 되었는데 나의 최종 학력을 아는 이들은 뭘 자꾸 물어온다. 당황스럽게. 이후로 오랜 세월이 흐른 뒤에 비로소 알았다. 내가 왜 그렇게 시험 성적이 안 좋았는지.
 나는 시험 범위가 정해지면 그 안에서 '왠지!' 나올 것처럼 보이는 부분만 골라서 공부했다. 망하기 딱 좋은 방법이었다. 이 짓을 고수하던 나는 판판이 깨졌고, 내게 그렇게 의미 있게 다가오던 부분은 대부분 계륵, 즉 닭갈비에 불과한 것이었다. (닭갈비가 어때서 그러냐고 물으신다면, 볶음 요리가 아니라 진짜 닭의 갈비뼈, 삼계탕 안에 누워 찰밥과 대추와 삼을 고이 안고 있으나 우리가 즉각 해체하여 철제 통에 버려버리는 그 닭갈비라고 말해드리리!) 결국, 돌머리를 이고 사는 운명을 받아들여야 했으니, 이 운명이 얼마나 비참한지는 대한민국 사람이라면 다 알지 싶다.

이게 운명의 문제가 아니라 학습 방법의 문제라는 걸 알게 되었으나 때는 지나간 후였다. 이후 진짜 운명의 장난질이라 말하고 싶은 인생사를 보내고 나서 나를 자세히 관찰해보니, 나는 기질적으로 매사에 구석에 박혀서 잘 보이지 않는 것에 주목하고, 내 눈길을 끈 것이 매우 중요해 보이는 기분에 곧장 사로잡혀, 결과적으로는 엉뚱한 곳에 꽂혀서 매달리는 이상한 성향이 있다는 것을 발견했다. 좋게 말하면 직관이 발달했다고 할 수도 있겠지만 그건 인생이라는 연병장을 제대로 구르고 난 다음의 이야기이고, 그전에는 툭하면 헛다리 짚고 확신에 차서 잘난 체하기 좋아하는 헛똑똑이에 불과했다.

나는 왜 그렇게 섣부른 판단을 내리기에 급급했을까? 왜 정확한 판단보다 남보다 빠른 판단을 우선했을까? 나는 왜 늘 무언가를 이기고 싶었을까?

속단에 익숙했던 이 나쁜 버릇을 고치기까지 얼마나 많은 대가를 치렀는지 모른다. 정확성을 확보했다고 믿었던 근거 없는 자신감이 속도까지 달면 얼마나 위험천만한 결과를 초래하는지 젊은 나는 알지 못했다.

'속단' 하니 떠오르는 나쁜 버릇이 또 하나 있다. 어떤 책을 처음 대할 때 제목만 척 보고 내용을 골똘히 점쳐본다는 것이다. 명백한 사실보다 주술사의 허무맹랑한 풀이에 사람들이 더 끌리듯이, 책을 읽고 나서도 내가 미리 점친 제목의 이미지대로 기억에 저장해 놓는 어이없는 버릇이 있었다. 한마디로 색안경을 끼고 책을 읽은 것인데, 색안경의 효과가 얼마나 컸는지 희극이냐 비극이냐, 스릴러냐 코미디냐도 제 맘대로 넘나들 정도였다. 이런 이상한 콤플렉스는 어디에서 왔을까. 소설도, 영화도 서너 번 봐야 그 내용을 제대로 이해하는데, 볼 때마다 처음 보는 것 같은 기분은 그렇다 쳐도 내가 한 번 본 작품을 남에게 소개할 때 헛소리할 가능성이 매우 크다. 나보다 네 살 많은 막내 오빠는 자주 내게 말했다.

"모르면 가만히 있어라."

그 위의 오빠들은 상대도 안 해줬다. 내 위로 여섯 경이나 되는 집안의 연장자들을 모시고 사느라 입 뻥긋할 새가 없었던 나는 어디 가서 누구를 잡고라도 신나게 아는 척을 하고 싶었나 보다. 그때, 이 어리석은 지적 욕망, 지적 허영의 나쁜 버릇들이 심긴 것일까? 아무튼, 부끄럽다. 이렇게 엉뚱하고 허술하기 짝이 없는 내가 세계문학을 소개하는 글을 쓸 용기를 낸 것은 내게도 재탄생의 기회가 있었기 때문이다.

✣

지난 20년간 나의 이야기를 주제로 일곱 권의 책을 냈다. 나는 내 못난 이야기를 대놓고 잘하는 이상한 버릇도 있어서 글 앞에서 큰 고민 없이, 있는 대로 느낀 대로 진실하게 써왔다. 글 뒤로 숨거나 글로 나를 치장하지 않으려 노력했다. 글쓰기는 얼마나 적나라하게 내 정신의 상태를 보여주는지, 한 페이지 쓰고 읽어보면 내 논리력에 기가 막혀서 웃음만 나왔다. 그렇게 쓰고 지우고, 쓰고 고치기를 20년 했더니, 내 인격에 가득했던 허영이 제거되고, 잘난 체, 있는 체, 아는 체하는 군살이 제거되었다. 이것만 덜어내져도 사람이 좀 봐줄 만해진다. 인정사정 봐주지 않는 글쓰기 덕분에 눈물 콧물 많이도 흘렸지만, 거울 앞에 서보니 깨닫는다.

'아, 나 이런 사람이었어? 이젠 제법 내가 마음에 드네.'

이런 기분은 태어나서 처음이다.

내가 왜 지난 얘기를 꺼내는가 하면, 이제 볼 책, 헤르만 헤세의 《수레바퀴 아래서》를 내 식대로 찍어본 게 너무나 얼토당토않아서이다. 책 제목이 '바퀴에 깔려서' 혹은 '바퀴에 깔린 내 인생'이었으면 내가 이 책을 이해하는 데 좋았겠지만, 소설 제목으로는 좀 거치니까. 나는 다음과 같이 이 책을 점쳤다.

일단 수레바퀴라니. '수레바퀴'는 내게 전원적인 이미지를 불러일으키는 낱말이었다. 손수레나 달구지도 아니고 경운기도 아니고 수레라! 왠지 거기에는 우유 통이나 꽃 화분이 듬뿍 실렸으면 실렸지, 도살장으로 가는 돼지들이나 막 잡아서 소금 팍팍 뿌린 생선 상자가 있을 리 없었다. 그리고 '아래서'라는 부사어는 얼마나 아늑한 느낌을 주던지, 사납고 차가운 것으로부터 보호받는 인상을 받았다. 무엇을 실었든 덜컹덜컹 구르고 있는 동적인 수레바퀴가 아니라, 어느 해 지는 오후 한적한 들판에 조용히 세워진 정적인 수레바퀴의 '아래'가 연상되었다. '그런 수레바퀴 아래라면 예쁜 들꽃이 피어있나? 작은 귀뚜라미가 쉬고 있나? 아, 나도 고만큼 작아져서 그 수레바퀴 아래에 같이 있고 싶다.' 이 정도였다. 그러므로 주인공에게 어떤 시련이 닥쳐도 언젠가는 수레바퀴 아래에서 편안히 쉬는 끝이 올 것을 믿었다.

이런 경험들이 쌓여 오독에 대한 조심성이 클 수밖에 없었고, 적어도 세 번은 읽어야 마음이 놓인다. 그것도 매우 깊은 정독으로. 자연히 속도는 나지 않는다. 천천히 조금씩 꾸준히 글 속으로 들어간다. 이런 책 읽기의 좋은 점은 아무리 두꺼운 책도 두렵지 않다는 것. 어차피 조금씩 읽을 거니까.

하나 더, 책을 읽는 동안은 나를 사라지게 할 수 있다는 것. 이 경지에 이르면 책 읽기가 힐링, 그 자체이다. 자, 이제 제대로 작품으로 들어가 보자.

✢

 시간예술의 특징 중 하나는 첫 장면의 중요성이다. 아무리 강조해도 모자람이 없다. 소설의 첫 장면이 마을 풍경 묘사라 하더라도 작가의 의도가 엑기스 상태로 듬뿍 담긴 것이니, 대충 지나치면 나중에 다시 돌아와야 하는 일이 생긴다. 첫 장면에 숨어있는 힌트를 많이 찾을수록 중간에 미로에 빠지는 일을 줄일 수 있다. 이 소설은 주인공의 아버지에 대한 묘사로 시작한다.
 주인공 아버지가 전체 작품에서 차지하는 비율이 매우 낮음에도 불구하고 주인공도 나오기 전에 첫 장면에 등장하여 매우 자세히 서술된다는 것은 주목할 만한 점이다. 이 인물에 대한 묘사를 주의 깊게 읽어보면 보통 심각한 사람이 아니라는 것을 알 수 있다. 다른 사람에게 해를 끼치는 사람도 아니고 자기 일에 게으른 사람도 아니어서 이런 성격 묘사 없이 등장한 장면들만 본다면 별문제 없는 사람으로 보일 수 있다. 하지만, 이 묘사 덕분에 독자들은 이 인물이 대형 사고의 중심에 서 있기 충분하다는 걸 알 수 있다. 자기 기준으로 가득 차 있어서 어떤 새로운 가능성이 비집고 들어갈 틈을 허락하지 않을 인물이다. 작가가 짧고 명료한 표현으로 장장 두 페이지에 걸쳐 묘사한 그는 모순과 허세 위에 자아라는 집을 지은 매우 위험한 인물이다. 어른답지 못한 사람이라고 할 수 있다.

어른이 어른일 수 있는 이유는 포용력, 그리고 타인의 내면을 읽을 수 있는 이해력이 있어서가 아니겠는가. 전혀 어른답지 못한 이런 인물이 자기 자신으로만 머무는 게 아니라 누군가의 아버지이기에 위험한 것이다.

헤세는 작품의 첫 장면에 마치 간판을 걸듯이 이 이야기부터 하면서 주제에 관한 힌트를 주고 있다. 어른답지 못한 어른을 아버지로 둔 비극에 일찍 어머니를 잃은 비극까지, 이렇게 비극과 비극이 교차하는 지점에 우리의 주인공, '한스 기벤라트'가 있다.

주인공 한스는 한 마을의 역사상 엇비슷하게라도 존재한 사람이 없을 정도로 타의 추종을 불허하는 천재 소년이다. 타고난 천재성을 물씬 풍기는 특별한 외모와 진정한 천재에게 반드시 동반되는 굴곡 없는 성실성이 이 소년의 뛰어난 학습 능력을 빛내주어 온 마을의 기대를 한 몸에 받는다.

천재성은 대부분 신의 선물로 받아들여 영광으로 여기지만, 그것을 다루는 사람들에 의해서 크게 운명이 흔들린다는 점에서 가치 중립적이라고 하는 것이 더 타당하다. 대다수를 차지하는 보통의 무리와 어떤 면에서든 다르다는 것은 긴장을 불러일으킨다. 다름이 불러오는 긴장, 당사자가 아닌 다음에야 아무도 그 고충을 이해하기 어렵다. 그 다름이 남들 눈에 좋아 보이는 것이라도.

한스는 다행히 또래 사이에서 큰 긴장은 없었다. 대신 무명(無名)에 지친 어른들의 욕심과 조급함이 한스를 몰아붙였고, 능력의 최대치를 끌어내기 위해 그에게서 시간을 하나씩 뺏어감으로 그를 결국 고립되게 만든다. 한스는 자신을 이끌어주는 어른들을 깊이 신뢰하며 기대에 어긋나지 않으려 더욱 노력하고, 매우 기특하게도 한 걸음 더 나아가 그들을 기쁘게 하기 위한 갸륵함이 넘치지만, 정작 자신에게 작은 쉼과 놀이조차 허락하지 않는 어른들의 인색함을 늘 마주해야 했다.

소설 속 어른들은 한스를 무슨 물건 대하듯 하루빨리 갈고 닦아서 세상에 내놓고 자랑할 생각만 하지, 천재성을 가졌다는 이유 하나로 이 소년이 치러야 하는 대가에는 아무도 관심을 두지 않았다. 보통 소년의 일상을 팔아서 산 천재 소년의 특별한 대우가 기분 좋고 우쭐한 건 잠깐이고, 사람이란 그것만으로 채워지는 것이 아님을 어른들은 정말 몰랐을까. 이들이 주목한 건 오직 한스의 '능력'이었고 따라서 외면당한 건 한 소년의 '인생'이었다.

✢

소년의 삶은, 내가 지켜본 바에 따르면, 노는 것이 거의 전부다. 1970년대 소년이었던 나의 세 오빠나, 2000년대 소년이었던 나의 두 아들과 별반 다르지 않다. 노는 거에 빠져서 먹는 것도 뒷전이다. 지치도록 놀다가 겨우 밥 먹으러 들어와서 밥숟가락을 놓자마자 곯아떨어지는 게 소년의 인생이다. 여름날 땀띠와 겨울날 튼 손과 콧물 들이키는 소리를 훈장처럼 달고 그들 나름의 모험과 탐험 속에서 뒹군다. 그 사이사이 심심해서 주리를 트는 시간도 있고, 엄마에게 잡혀들어와서 억지로 책상 앞에 앉는 시간도 있다. 그러나 친구들 노는 소리가 저 멀리서 들리는 순간, 달려나가는 바짓가랑이를 잡아채는데 나는 단 한 번도 성공한 적이 없다. 소리를 질러가며 북북 문질러 씻기고 나면 그들은 노곤해져, 남은 힘이라곤 입 달싹거릴 힘밖에 없어 보인다. 낮에 밖에서 뭘 하고 놀았는지 말하는데 입이 쩍 벌어진다. 온 동네 개구쟁이들이 몰려다니면서 저지른 장난질은 상상을 초월한다. 살아서 들어온 게 감사하다.

한스는 어땠을까. 그의 놀이는 소박했다. 강에서 낚시와 수영을 하고, 마당에서 친구와 이것저것 만들어 보고, 토끼를 기르게 해주기를 바라는 것이 전부였다. 어른들은 이 작은 바람을 철저히 외면했다. 마을에서 한스만 갈 수 있는 학교의 합격을 위해 오직 공부방에만 집어넣었다. 쉬는 것도 공부할 체력을 기르려는 방편이어야 했다. 놀이는 합격의 영광을 위해 밀어놓을 줄 알아야 했다. 그리하여 한스는 등장할 때부터 두통과 피로, 우울과 불안, 초조를 안고 있으며, 그 아래에는 자신을 향한 어른들의 인색함에 대한 실망과 분노가 짙게 깔려있다.

한스에게 그의 천재성은 비극이었다. 부모의 비극성 위에 다르게 꽃을 피웠을 수도 있었을 한스의 천재성이 그를 이끌어주는 어른들의 모든 배려 없음으로 인하여 완벽한 비극으로 구조가 짜여 있다. 작품의 초반부에 다 드러난 이 구조를 보며 앞으로 한스가 이를 뚫고 나갈지 아니면 반대로 삼켜질지 우리는 지켜보게 될 것이다.

이 글을 쓰고 있는 2024년 겨울, 대한민국 어린이 대부분이 한스와 비슷한 처지가 아닌가 싶은 생각이 문득 든다. 우리나라 어린이가 행복하기란 한스 기벤라트가 행복해지는 것만큼이나 쉬운 일이 아니다. 아이들은 미래의 행복을 위해 현재의 행복을 저당 잡히고 있다. 예전에는 십 대들이 그 대상이었는데 요즘은 아기들도 같은 신세다. 20~30년 뒤의 행복을 위해 젖병 물고 있는 아기부터 뭔가를 포기해야 하는 것이 비극이 아니라면 무엇인가?

아이에게 현재 진행형의 행복을 주기 위해서는 아이를 이 세상에 존재하게 한 어른들 모두의 용기와 합심이 있어야 하고, 희생과 양보가 있어야 하는데, 그 어른들도 저당 잡혔던 행복을 겨우 찾은 터라 내놓기가 말처럼 쉽지 않다. 아이는 시스템 안으로 들어가고 부모 아닌 사람이 부모 같은 사랑을 주었으면 하는 만에 하나의 확률에 기대어 경쟁과 비교 속에서 행복 찾기를 해야 한다.

이 모든 악순환의 시작은 언제 어디서부터였을까? 누군가는 책임을 져야 할 텐데 아이들에게 책임을 물을 수는 없으니, 할머니 할아버지 엄마 아빠 이모 삼촌 고모 아저씨 아줌마들이 책임져야 할 때가 올 것이다. 미래를 위해 현재를 저당 잡으라고 가르친 건 어른들이니까. 맡겨 놓은 행복을 찾으러 온 이들에게 약속한 '행복'을 내주어야 할 것 아닌가.

✣

한스 기벤라트는 하필 천재였다. 어른들이 달려들어서 어린 한스의 행복을 있는 대로 다 긁어모아 저당 잡고는 공부만 시켰다. 전국의 인문학 천재들이 모이는 학교에 차석으로 합격한 한스는 불안한 정서와 명석한 두뇌만 갖고 입학한다. 천재들이 모인 학교에서 도태되지 않기 위해 철저한 선행학습을 해야 한다는 스승들의 말에 따라 내내 공부만 하다 온 한스.

불안이 소비하는 열량은 얼마나 높은지. 한스는 날로 지쳐간다. 입학식 장면에서 작가는 어머니의 부재가 한스에게 미친 영향을 언급하기 시작한다. 유년기를 막 지나온 남학생들만 모인 학교에서 모성애의 따뜻함을 느끼지 못하고 자란 한스는 그들만의 유대감과 친밀감에 대해 막연한 두려움을 갖는다. 소꿉친구 사이에서 소울 메이트 단계로 자연스럽게 넘어가지 못하고 겁부터 집어먹는다. 최고가 되어 이름을 떨쳐야 한다는 교육만 받아온 한스는 감정과 관계를 다루는 데에는 너무나 서툴러서 큰 호기심을 품고 있으면서도 공부로 숨어들기에만 급급하다.

그러는 중 사건이 하나 벌어진다. 한스는 자신이 불이익을 당하게 될까 두려워 겨우 사귄 친구 '하일르너'를 위해 나서지 못하고, 이 죄책감이 감수성 예민한 한스를 괴롭힌다. 그러다 추운 겨울 호수에서 실족사한 동급생 사건에 큰 충격을 받고 그동안 자신이 굳게 붙들고 있었던 것이 모두 이기적으로 보이면서 자신의 세계에 균열이 일어나기 시작한다. 살아왔던 모든 것에 대한 반작용처럼, 반항적 기질이 다분한 친구 하일르너와 자신을 동일시하여 자신의 것을 버리고 친구의 것으로 강하게 끌려간다.

자신의 길과 친구의 길 사이에서 갈피를 잡지 못하다가 학교를 박차고 나가버린 하일르너 뒤에 버림받듯 남겨진 한스는 결국 심각한 병을 얻고 만다. 절대안정이 필요하다는 진단을 받은 한스는 집으로 돌아온다. 학교를 1년도 제대로 다니지 못한 것이다. 이렇게 쉬게 된 학생이 다시 학교로 복귀하는 것은 불가능하다. 그 이유가 학업이 너무 어려워 따라가지 못해서라고 하니, 한 번 낙오자는 영원한 낙오자가 되게 만드는 교육 시스템 역시 지나치게 인색하다.

환자가 되어 동네로 돌아온 한스, 불량품으로 전락한 천재에게 돌아오는 건 겉치레 인사와 외면, 그리고 무관심이었다. 공부만 하라고 몰아세우던 것보다 더 잔인하다. 이렇듯 한스가 받아온 것은 그것이 호의든 아니든 독성이 가득했다. 아무도 공부하라고 다그치지 않는 때가 왔지만, 쉬게 하여 살리려는 것이 아니라 죽게 된 것을 내버려두는 것에 가까웠다.

'예전으로 돌아갈 수 있을까?'

번민으로 가득한 한스는 숲속 아늑한 곳에 마음에 드는 나무 한 그루를 찾고 목을 맬 나뭇가지를 정하고, 죽음이 가져올 평화까지 예약해 놓고 나서야 비로소 숨통이 트인다. 이때 한스의 나이는 많아야 열다섯에서 열여섯 살. 내 마음을 헤아리고 만져줄 어른 하나 없는 세상에서 소년은 죽음으로 모든 고통과 함께 자기 자신을 지워버릴 결심을 한다.

이런 한스 앞에 한 아가씨가 나타난다. 연애 경험이 많고 남자를 즐길 줄 아는 예쁜 아가씨. 숙맥 중의 숙맥이었던 한스는 아가씨가 이끄는 대로 빠져들었고 사랑이 주는 희열과 흥분으로 다시 삶에 대한 불씨가 살아나는 듯했다.

그러나 제 맘대로 왔던 연인은 제 맘대로 가버리고 농락당한 한스는 혼자 몰래 통곡한다. 통곡이란 터져 나오는 것이다. 어떻게 통곡을 아무도 몰래 할 수 있는가. 그럴 수 없는 게 통곡인 것을. 그만큼 한스는 지독한 고립 가운데 있었다.

통곡의 힘이었나. 한스는 공부로 먹고살기는 틀렸으니, 기술을 배우겠다고 나선다. 대장장이가 되기로 한 것이다. 조소와 조롱을 동반한 시작이었으나 이 시작에 어찌 손톱만큼의 희망이 없었겠는가.

  육체노동은 힘들었다. 대신 연대감이 있었다. 스승과 책 사이에서 혼자 지식을 쌓아가던 고독한 천재의 세계와는 달리 지금 여기는 사나이와 호걸들의 세계였고, 어른들의 세계였고, 장인들의 자부심이 넘치는 세계였다. 첫 번째 회식 자리. 신입인 한스는 모든 게 낯설기도 했지만 재밌고 신나고 유쾌했다. 이 집 저 집 옮겨 다니며 다같이 음식을 먹고 맥주를 마시고 노래하고 무용담을 늘어놓으며 술을 나르는 아가씨에게 희롱하는 걸 구경하면서 한스는 담배도 물어보고 술도 마셔본다. 의외로 몸이 잘 받아준다. 다들 껄렁패가 되기라도 한 듯 거나하게 노는 자리가 이어지고 한스는 술에 완전히 취해 버린다.

  어릴 때부터 갈고 닦은 인문학적 소양이 그를 깨웠을까. 더 심한 상태에 빠지기 전에 일어나야겠다고 생각하고 혼자서 집으로 돌아오는 길. 그가 입학시험을 치르고 혼자 강물을 거슬러 헤엄쳤다가 물결 따라 둥둥 떠내려오는 놀이를 즐겼던 강. 그곳에 빠져 차디찬 주검이 되어 떠내려가는 것으로 이야기는 끝이 난다. 너무나 허무하게.

✢

  첫 문장부터 마지막 문장까지 완벽하게 치밀한 구조를 가졌으나 아름답다고 할 수 없는 이유는 너무나 가슴이 아프기 때문이다. 이 책에는 한스의 외로움이 가득하다. 한스가 천재가 아니었다면, 어머니는 안 계시지만 비극적 답답함을 가진 아버지와 별 기대 없이 지내며, 그토록 좋아했던 고향의 산천과 친구들과 놀이와 즐거운 어린 시절을 지렛대 삼아 자기 인생을 사는 유쾌한 젊은이가 될 수도 있었을 것이다. 한스가 천재여서 누가 좋았던가. 한스가 학문을 알아가는 기쁨은 잠시, 그의 유명세를 덩달아 누리고 싶은 어른들의 욕심에 한스는 하나도 행복하지 않았다.

나는 다행히 천재가 아니니까 이럴 걱정이 없는가? 정황과 천재성 유무의 차이는 있겠지만 이게 먼 나라의 특별한 이야기는 아니다. 정도의 차이만 있을 뿐이다. 한스는 타고난 천재성 때문에 자기 삶을 자기가 원하는 대로 살지 못했다.

나는 그런 천재성이 없는데도 내가 원하는 대로 못 살았다. 다른 사람들과 현격한 차이가 없는데도 간발의 차이로 우월감에 취하거나 열등감에 빠지는 시소 놀이에 평생 어지러웠다. 세상에 이름을 떨치고 싶은 공명심으로 치면 나도 뒤지지 않았다. 나도 한스처럼 내가 원하는 것을 부모에게 말하지 못하는 괴로움이 있었다. 부모가 뭘 원하는지 잘 알고 부모를 기쁘게 하고 싶었기 때문이다. 70년대생인 나의 눈에 내 아버지와 어머니가 가진 것은 오직 자식들이었다. 나의 부모는 그 시절 나라 신세와 비슷하여 가진 것이 인적 자원밖에 없었다. 골목길을 두고 서로 마주 보며 양쪽으로 나란히 이어진 집마다 자식들이 가득했고 나름 다들 집안의 기둥이요 미래 아니었겠는가.

누가 일러주지 않았는데도 나는 이미 알고 있었다. 경쟁은 이미 시작되었고 부모의 기대가 막내딸의 작은 등에도 살짝 꽂혀 있다는 것을. 어린 나의 소견에도 이건 저버릴 수 없는 무거운 책임감으로 찾아왔다. 부모의 소원이 가 있을 만한 곳으로 나의 발길이 저절로 향하는 것은 나만의 이야기는 아닐 것이다. 공부가 뜻대로 되지 않을 때 찾아오는 절망은 '꿈이 멀어져서'가 아니라 '부모에게 실망을 안겨서'가 먼저였다. 누구도 기대하지 않는 둔재에게도 이 절망은 꼭 찾아온다. 그게 자식의 마음이다.

✢

헤르만 헤세는 왜 한스를 그토록 허무하게 죽여버렸을까. 한스가 어떤 식으로든, 대장장이가 되어서라도 어른들에게 농락당했던 자신의 어린 시절을 풀무에 녹여버리고, 사람답게 살고 인간답게 누리는 삶도 있었을 텐데. 그리하여 실패와 고독을 딛고 일어서는 한스를 통해 많은 독자에게 삶의 희망을 품게 할 수도 있었을 텐데. 이런 맥 빠지는 결말을 내리다니.

반백 년을 살고 나니 나도 철이 좀 들었는지 다른 생각도 든다. 헤세가 한스의 죽음을 통해 말하고 싶었던 건, 한스가 어른들에게 받았던 상처가 죽음에 이르도록 깊은 치명상이었다는 사실이 아니었을까. 희망을 품고 다시 일어서라고 하기에는 어린 한스에게 저질러졌던 천재교육은 너무 가혹했음을 말하고 싶었던 것 아닐까. '왜 주인공을 죽게 하냐' 탓하기보다, '주인공이 받은 상처가 죽음만큼 무거웠구나'로 받아들여진다.

한스는 등장할 때부터 상처받은 어린이지만 그것을 알아주는 어른이 아무도 없다. 가장 가까이에 있었던 아버지도 한스의 안색이 이리저리 바뀌는 걸 전혀 알지 못한다. 자기가 보고 싶은 것만 보는 아버지는 한스가 죽고 난 후에도 아들의 삶이 비극이었던 이유가 무엇인지 감도 잡지 못한다. 친구가 학교를 떠난 뒤 남겨진 한스가 신경쇠약이라는 병명을 얻은 대목에서 작가는 이렇게 서술한다.

> 왜 그는 가장 감수성이 깊고 위헌한 소년 시대에 매일 밤늦게까지 공부했는가? 왜 그에게서 토끼를 빼앗아 버렸나? 왜 라틴어 학교에서 그를 동무들과 멀리하게 했나? 왜 낚시질과 돌아다니며 노는 것을 금지했는가? 외 공허하고 저속한 쓸데없는 공명심의 이상을 불어넣었는가? 왜 시험이 끝나고 나서도 휴식을 주지 않았는가? 지금에 와서 지쳐 버린 노새는 길가에 쓰러져서 아무 소용도 없게 되었다.

이렇게 결론에 이르고 다시 한번 책을 읽으면 한스가 혼자 우두커니 불 꺼진 방에 앉아 있는 장면이 다르게 다가온다. 나도 한스와 함께 한숨을 쉬고, 함께 실망하고, 함께 눈물짓게 된다.

물론 한스의 내면을 돌아보고 삶의 진정한 가치를 말해주는 어른이 전혀 없지는 않았다. 한스가 자랐던 마을 어른과 학교 선생님이 있었다. 이 두 사람이 전부다. 한스에게 극소수의 소리는 미미했고 그들의 팔은 짧았다.

세상의 모든 한스에게 나의 소리는 작고 나의 팔은 짧을 것이나, 나와 같은 지붕을 이고 있는 우리 집 한스들, 비록 그들이 노는 데 천재고 돈 쓰는 데 천재라 하더라도, 그들에게라도 나는 한스 기벤라트가 받지 못한 사랑과 우정을, 공감과 배려를 아낌없이 주고 싶다.

✣

'수레바퀴 아래서', 한스는 수레바퀴 아래에 깔려버렸다. 어떤 수레인가? 세상이라는 수레, 실패자는 밀어내 떨어뜨리고 가버리는 수레일 수도 있겠지만, 내 눈에는 인생이라는 수레에서 떨어진 것으로 보인다. 자기 인생에 깔려버린 이 슬픈 소년은 인생이라는 수레를 자기 힘으로 힘차게 끌고 가며 옆으로 지나가는 다른 이들의 수레와 경쟁하며, 부러워하다가 우쭐대기도 하다가 인생의 어느 시점에서는 다 내려놓고 함께 가는 즐거움에 웃었을 텐데.

작가는 처음부터 이 이야기가 비극임을 말하고 있다. 비극의 뿌리에서 매우 특별한 꽃 한 송이가 맺혔다. 그 특별한 향기에 끌려 온갖 날벌레들이 날아든다. 뿌리에서 건강한 수액이 공급되었다면 내면에서 차오른 개화의 힘이 도든 것을 물리고 열매 맺게 하는 마땅한 착지, 의미 있는 간섭만 허락했을 텐데. 처음부터 끝까지 한 꽃봉오리가 이리저리 시달리다가 결국은 꽃대가 꺾여지는 것까지 봐야 하는 이 독서 체험을 통해 우리는 무엇을 얻을 것인가.

아이는 자신이 태어난 세계를 처음부터 거부하지 않는다. 비극이어도 받아들인다. 부재도 부조리도 기꺼이 껴안는다. 그의 수용에, 그의 용서에, 그의 존재 자체에 감사하고, 함부로 아이의 행복을 저당 잡지 마라. 행복을 돈처럼 저금해 뒀다 크게 만들어서 꺼내 쓰는 거라고 거짓말하지 말자. 당신도 한 번도 그렇게 행복을 찾아 쓴 적이 없지 않은가. 지금 행복한 아이가 나중에도 행복할 가능성이 더 크다. 어쩌면 행복은 눈덩이와 같아서 작을 때부터 손에서 놓치지 않아야 점점 더 커지는 것인지도 모르겠다.

헤르만 헤세
Hermann Hesse, 1877–1962

데미안
Demian

The man who read

✤

'데미안.'

 책 좀 읽는다는 사람 중에 이 이름을 모르는 사람은 없을 것이다. 데미안이 어떻게 생겼는지는 몰라도, 모두가 아는 이름. 이 인물이 세상에 나온 지 백 년이 넘었고, 수많은 사람이 이 이름이 제목인 책을 읽었지만 정작 주인공이 어떤 인물인지 말해보라고 하면 여간 힘든 일이 아니다.

 이유는 간단하다. 책이 어려워서다. 유명하고 두께도 적당해서 쉽게 접근하지만, 전체 내용을 소화하기가 쉽지 않다. 책 제목이 《데미안》이니 주인공이 데미안이겠거니 하고 '데미안 알아가기', '데미안 닮아가기'로 방향을 잡으면 더더욱 오리무중에 빠지기 쉽다. 그 옛날 내가 그랬던 것처럼.

 데미안을 읽은 사람들이라면 누구나 잊지 못할 사건이 도입 부분에 나온다. 바로 '싱클레어'라는 아이가 친구들 앞에서 허세를 부리다가 동네 깡패한테 거짓말한 게 딱 걸려서 걔가 시키는 대로 질질 끌려다니는 지옥 같은 나날을 보내는 일화이다.

이 사건을 종식하고 싱클레어를 구해주는 게 바로 데미안이다. 여기까지는 무리 없이 읽었을 것이고 기억도 나겠지만, 이후에 전개되는 내용은 대부분 연기처럼 희미해지다가 자욱해지고 매캐해지더니 골치가 아파지고 책을 덮거나 끝까지 읽거나 상관없이 몽롱한 상태에 빠지고 만다. 다른 이유가 없다. 내용이 어려워서다.

이 책을 읽고 싶은 사람들을 위해 내가 뽑은 두 가지 팁이 있다. 실은 어느 책에나 적용되는데, 주인공이 누구인지 아는 것과 첫 장면의 이해이다. 소설 《데미안》의 주인공은 데미안이 아니라 싱클레어다. 초점을 항상 싱클레어에게 둬야 미로에 빠지지 않는다. 헤르만 헤세는 《수레바퀴 아래서》와 마찬가지로 《데미안》에서도 첫 장면에 소설의 주제를 버젓이, 그러나 아는 이들의 눈에만 보이게 숨겨놓고 있다.

✢

소설은 두 세계에 관한 이야기로 시작한다. 주인공 싱클레어의 부모님이 속한 세계와 그 집 하녀들과 직공들이 속한 세계다. 한 지붕 아래에 빛과 어둠, 선과 악, 질서와 무질서로 양분

되는 두 세계가 존재한다. 이것은 귀족과 천민, 양반과 노비로 나뉘는 두 세계와는 본질이 다르다. 귀족과 양반의 세계에 빛과 어둠의 두 세계가 존재할 수 있고, 천민과 노비의 세계에도 질서와 무질서의 세계가 존재할 수 있다. 세계 역사 어디를 가든 이 두 종류의 두 세계가 존재하지 않은 곳이 없다. 어디를 가도 있고 지금도 존재한다. 두 세계는 물과 불의 존재처럼 확실하여 그것을 받아들이는 것에 어려움을 겪는 이는 별로 없다.

 문제는 싱클레어가 이 두 세계 사이에서 방황하고 있다는 것이다. 싱클레어에게 두 세계는 조화를 이루지 못하고, 양립할 수 없고, 있는 그대로 받아들여지지도 않는다. 이유가 무엇일까? 이 문제에 대한 이해가 있어야 앞으로 이 책을 읽어나가는 데에 큰 어려움이 없다.

 먼저 불교와 유교 배경의 동양인들에게는 유럽의 기독교 세계관에 대한 이해가 필요하다. 헤르만 헤세가 지어낸 싱클레어 집안이 가진 기독교 세계관에서는 빛의 세계가 어둠의 세계를 몰아내고, 선의 세계가 악의 세계를 지배한다. 빛에 속한 부모님 세계의 권위에도 불구하고 정작 자기 집 부엌에만 들어가도 버젓이 존재하는 어둠의 세계에 싱클레어는 모순을 느낀다. 부모님의 가르침과는 달리 어둠의 세계로 계속 끌리는 자아를 발견하면서 더욱 괴롭다. 이것이 열 살 소년 싱클레어의 현주소다.

헤르만 헤세는 첫 장면에서 《데미안》을 통해 무엇을 말하고자 하는지 이렇게 밝히고 있다.

"세계관의 충돌, 그 모순에 빠진 한 소년의 성장소설."

책 읽기에서 중요한 것 중 하나는 화자 이해다. 독자는 자주 '해설자'를 간과하고 오직 주인공에게만 집중한다. 아마도 줄거리가 궁금하기 때문이리라. 독자는 현재를 살고 있고 작품은 적게는 수십 년, 많게는 수백 년 전인 과거에 쓰였다. 이 시대의 차이에서 오는 영향이 큰 것 같다. 현대의 소설들은 주로 서사에 집중되어 있다. 이야기가 꼬리에 꼬리를 물고 의외의 인물, 배후의 인물, 막다른 골목, 생각지 못한 배신, 느닷없는 퇴장, 선인은 선의 끝에 악인은 악의 끝에 서 있다.

그러나 고전문학의 반열에 올라선 과거 작품들은 대부분 서사는 의외로 단순하다. 인간의 내면 탐구에 집중하는 글쓰기였기 때문이다. 현대 문학의 흥미진진한 스토리 전개에 익숙한 독자들에게 방대한 양의 내면세계 묘사는 자칫 지루할 수 있다. 그래서 이 부분들을 다 뛰어넘거나 등장인물 간의 대화나 사건만 찾아서 읽으면 작품이 난해해진다. 한 작품이 탄생시킨 명문장, 누구나 아는 그 한 줄이 독자의 가슴에 제대로 박히기 위해서는 이 지루한 부분을 반드시 소화하고 지나가야 한다. 그래서 고전문학 읽기가 어렵다. 그러나 오래 숨 쉬고 조금씩 읽어가기를 계속한다면 어느새 한숨에 쭉 읽으며 작가와 호흡하는 자신을 발견하게 될 것이다. 약속한다.

❖

세계문학을 읽으면서 종종 발견하는 것 중 하나가 화자의 중요성이다. 말하는 이가 주인공일 수도 있고, 아닐 수도 있지만, 어떤 경우든 화자의 개성을 그냥 지나칠 수 없다. 특히 세계문학에서 일인칭 관찰자 시점의 화자가 관찰자에 그치는 경우는 거의 없다. 화자의 씨줄 위에 주인공의 날줄이 교차하면서 전체 작품이 만들어질 정도로 중요하다. 이런 면에서 본다면 이 책 제목이 '나의 데미안'이거나 혹은 부제가 '당신의 데미안은 누구인가?'였다면, 독자들이 작품에 접근하는 데에 큰 도움이 되었을지도 모르겠다.

영화에서 쓸데없는 장면이 하나도 없는 것처럼, 소설도 마찬가지다. 한 단어도 그냥 지나쳐서는 안 된다. 모두 작품의 이해를 돕기 위해 쓰인 단어들이다. 그 단어들을 입고, 허구의 인물들이 살아 숨 쉬는 인물들로 태어난다.

싱클레어가 일인칭으로 자기 이야기를 시작하는 작품 초반부에 주인공인 자신이 어떤 인물인지를 알려준다. 캐릭터 분석이 가능하다. 등장인물들에 관한 그의 인상, 자기를 둘러싼 세상에 그가 주목하는 단면, 그의 행동, 그가 느끼는 감정을 나타내는 부분들이 주인공 싱클레어를 구체적으로 알려준다. 이 부분을 주인공의 어린 시절을 한 번 훑어보는 정도로 생각하고 읽고 지나가면 이후에 나타나는 싱클레어의 고민을 이해하기 어렵다.

'안정적인 가정에서 모범적으로 자라난 십대 소년이 나중에 이렇게까지 탈선하다니!'

겨우 이 정도 탄식을 내뱉으며, 자기 인생의 주도권을 온전히 갖기까지 주인공이 가졌던 수많은 갈등을 간과해버릴 수 있다.

싱클레어는 부유한 집안의 외아들이다. 부모의 부재나 불화도 없고, 두 누이와 함께 부모를 존경하며 그들의 가르침에 기쁘게 순종하는 행복한 열 살 소년이다. 작가의 표현을 빌리면, 싱클레어의 가정은 '사랑과 엄격함, 모범과 학교, 온화한 광채, 맑음과 깨끗함, 부드럽고 다정한 이야기들, 깨끗이 닦은 손, 청결한 손, 좋은 관습'으로 이루어진 곳이다.

반면, 또 다른 세계가 그 집안에 공존하는데 그것은 싱클레어가 하녀들을 통해 보는 세계로 그가 돌아서면 존재하지 않지만, 그가 다가서면 엄연히 존재하는 세계다. 작가의 표현을 한 번 더 빌리면, '냄새도 다르고 말도 다르고 약속하고 요구하는 것도 다른, 술에 취한 사람들과 악쓰는 여자들, 강도의 침입, 살인, 자살 같은 일'들이 일어나는 세계였다. 극과 극의 두 세계가 서로 맞닿아 있다. 이것이 싱클레어의 눈에 비친 세상이고 그가 이해한 구조이다.

어떤 균열이나 갈등이 생기기 전에 이미 싱클레어에게 두 번째 세계는 아름다웠다. 첫 번째 세계는 그보다 덜 아름답고, 더 지루하고, 더욱 황량하다. 이것이 싱클레어라는 소년의 캐릭터이다. 집주인 부부도 그 딸들도 심지어 두 세계를 오가는 하녀도 아무렇지 않게 받아들이는 이 두 세계의 병행이 유독 이 소년에게 힘들었던 이유를 찾아가 보자.

✢

헤르만 헤세가 나고 자란 당시 독일 사회 분위기를 잘 알려주는 〈하얀 리본〉이라는 영화가 있다. 이 영화에서 보여주는 기독교는 도덕과 윤리에서 완전무결을 요구한다. 청소년기 소년에게 나타나는 자연스러운 성징들을 추악한 사고와 은밀한 행동의 결과로 몰아세우며 체벌을 가하고 침대에 몸을 묶고 재우는 벌을 내린다. 게다가 이 사람이 근신 중임을 알리는 하얀 리본을 팔에 묶고 다니게 한다. 이 모멸과 수치가 모두 종교적 완전성을 향한 교육의 일환이었다. 쉽게 말해서 할 수 없는 것을 하라고 사회 전체가 아이들을 들들 볶았다. 그렇게 어른들은 완벽한 이중성 뒤에 숨었고 아이들은 해낼 수 없는 임무에 병들어갔다. 이 영화의 후속편으로 보이는 영화가 〈서부 전선 이상 없다〉이다. 두 영화를 나란히 감상하고 나면 1차 세계대전 직전의 독일 어른이들이 청소년이 되고 어린 병사로 징집되어

참호 속에서 죽어가기까지 독일 어른들의 민낯을 제대로 볼 수 있다.

싱클레어에게 어른들이 요구하는, 이른바 '밝은 세계'를 향한 거부감이 왜 이토록 깊게 자리 잡고 있는지 엿볼 수 있다. 아이들은 따라가는 척하면서 속으로는, 세상이 자기들 뜻대로 잘 돌아가고 있다고 믿는 어른들을 비웃고 조롱했겠지만, 싱클레어는 그들보다 진지했고, 섬세했고, 알고 싶은 것이 있었다. 사회 전체를 이끄는 종교는 삶 그 자체였고, 완벽한 도덕이 곧 구원의 조건처럼 보이는 이 종교를 버리지 않는 이상 평생 윤리적 죄책감에 시달려야 할 것을 싱클레어는 막연하게나마 알고 있었다.

이 조숙한 열 살 꼬마의 정신과 마음을 휘젓는 사건들이 연이어 일어난다. 하나는 '크로머'라는 동네 일진이고 다른 하나는 '데미안'이다. 이 둘과의 만남은 싱클레어의 삶을 온통 흔들어 놓는다. 데미안 초반부의 그 유명한 사건, 싱클레어가 저보다 서너 살 많은 동네 깡패 크로머에게 꼬투리 잡혀서 그의 종이자 노예로 사는 사건이 나온다. 싱클레어는 왜 자기와 비슷한 환경의 아이를 친구로 삼지 않고, 가난하고 학교도 다르고 거리를 방황하는 아이들과 친구가 되었을까? 그것도 부잣집 도련님 복장을 한 채로. 그 사이에서 껄렁한 짓을 다 따라 하면서 지지 않으려고 거짓말까지 하다가 덜미를 잡혀, 결국에는 크로머가

시키는 대로 집에서 돈도 훔치고 물건도 훔쳐서 갖다 바치는 신세가 된다.

이 죽을 지경에서 구해준 사람이 데미안이었다. 데미안과 크로머의 나이는 비슷한데 뭘 어떻게 했는지 데미안은 크로머가 싱클레어를 보면 피하게 만들어 놓는다. 싱클레어가 악의 덫에 걸려 고통받고 있을 때 그는 아무것도 모르고, 할 수 있는 게 없는 아버지를 보며 오히려 아버지의 세계를 눌러버린 것 같은 쾌감을 느낀다. 그 쾌감의 이면은 분명 분노였을 것이다. 이 아버지 역시 한스 기벤라트의 아버지처럼 아들의 얼굴에서 아무것도 읽지 못한다.

그렇게 싱클레어의 도덕성을 갖고 놀던 악당 크로머는 사라졌다. 죄책감의 시간이 가고 자유의 시간이 왔다. 그러나 이전의 자유, 바로 그 지점으로는 가지 못하고, 새로운 시간이 싱클레어에게 열린다. 바로 데미안이 그의 삶에 들어선 것이다. 싱클레어가 아무 의문 없이 받아들였던 종교적 가르침에 대해서 데미안이 '꼭 그게 아닐 수도 있다'라고 말한 것이다.

그래 그러니까 내 생각에는 말이야. 카인에 관한 이야기를 완전히 다르게 이해할 수도 있어. 우리가 배우는 것들은 대부분 분명히 진실이고 올바른 것이지만, 그것들 모두를 선생님들이 보는 것과는 다르게 볼 수도 있어. 그러면 대체로 훨씬 나은 뜻을 갖게 되지. 예를 들면 카인이나 그의 이마에 찍힌 표적에 우리가 설명 들은 대로 만족할 수는 없잖아. 너도 그런 것 같지 않니?

이렇게 시작한 데미안의 견해는 싱클레어의 삶에 새로운 파문을 일으켰다. 크로머가 일으킨 것과는 다른 차원으로 싱클레어의 삶은 요동치기 시작한다.

사회와 단체가 (여기에는 교회와 학교, 기성세대가 포함된다) 당연시했던 관념을 생각 없이 따르지 말라며, 그것이 반드시 옳지 않을 수 있다고 한다. 데미안의 이런 의견은 새로웠기에 매력적이었으나 동시에 싱클레어가 위기감을 느끼기에 충분했다. 아무리 비주류 세계에 매혹을 느끼는 싱클레어라도 선뜻 받아들이기는 버거웠다. 데미안은 어둠의 세계 사람도 아니었지만 그렇다고 밝은 세계에 속한 것도 아니었기에, 싱클레어는 자신의 치부를 들킨 것 같은 낭패감에 더해 그가 던져주는 혼란과 불안으로 인해 그를 밀어내기도 하고, 데미안의 어른스러운 침착함과 세련됨에 어쩔 수 없이 끌리기도 하며 계속 갈등을 이어간다.

상급학교 진학을 위해 집을 떠난 싱클레어는 데미안과도, 부모와 가정과도 거리를 두게 되면서 본격적으로 자기 내면에 대한 탐색을 시작한다. 낯선 사람, 낯선 장소에서 자신은 더 잘 드러나는 법. 막 유년기를 빠져나온 청소년이지만 작품의 배경이 되는 독일 사회는 이들에게 어른에 준하는 경험을 용인하기도 했다. 물론 권장되거나 바람직하게 여겨지는 것은 아니었다. 세계관과 인생관의 혼란이 유난히 일찍 찾아온 우리의 조숙한 주인공은 하숙집 친구이자 학교 친구와의 술자리에서 자신을 표출하는 기쁨에 사로잡히기도 하고, 이성에 대한 호기심에도 눈을 뜨기 시작하면서 이제껏 속한 세상과 전혀 다른 세상의 맛에 취해 점점 더 크게 흔들린다.

자기 밖에 존재하던 두 세계, 한쪽이 지루하면 다른 쪽으로, 다른 쪽이 위험하면 다시 이쪽으로, 그렇게 두 세계를 제 마음대로 오갔던 유년기를 벗어나 어느덧 두 세계가 자기 안으로 들어와 버렸는데 아직도 어느 한쪽의 세상만을 선택하거나 혹은 경멸할 수 없었던 싱클레어는 속수무책으로 무너져 내린다.

마침내 구원을 찾아 나서는 싱클레어는 데미안에게 편지를 보내지만, 답장이 없고, 학교 친구들은 바른길에서 많이 멀어진 싱클레어를 멀리한다. 외로운 시간을 보내던 싱클레어는 길에서 지나치다 만난 한 여학생의 '오만과 소년다움'의 흔적을 보고 그녀에게 빠진다. 이 표현으로 유추해 본다면, 자기 자신을 넘어서고 자기 확신에 차 있는 인상을 강하게 받은 것 같다. 이 여학생이 실제로 그런 사람인지 아닌지는 중요하지 않았다. 그저 그런 이미지를 가진 사람을 보고 문득 정신이 차려졌고, 이성이라기보다 데미안의 존재와 같이 자기를 구해줄 수 있는 선망의 대상으로서 그녀를 택한 것으로 보인다. 이 여학생과 실제 어떤 교감도 없이 오로지 혼자 만들어낸 그녀의 성스럽고 완전한 이미지를 묵상하고, 그 이미지에 자신을 반추함으로 방탕한 생활을 청산하기 시작한다.

이 과정에서 '그림 그리기'가 싱클레어에게 수련의 도구가 된다. 세계와 자신, 도저히 할 수 없는 것을 하라고 완벽을 요구하는 신, 이 사이에서 싱클레어는 '사람은 어떤 존재인지', '자신은 누구인지' 같은 것들을 한 번에 이해하려는 내적 투쟁을 한다. 이는 세상 모든 철학자의 주제가 아니었던가! 그림에 몰두할수록 싱클레어의 그림은 점점 변하여 마침내 자기 자신을 그리는 단계까지 가는데 이것은 작가인 헤르만 헤세의 자기 경험에서 나온 투영이라고 생각한다.

마지막으로 싱클레어가 만나게 되는 사람이 '피스토리우스'라는 오르가니스트다. 그의 오르간 연주에 이끌려 둘의 만남과 사귐이 이어진다. 마치 작가 헤세의 현현인 것처럼 보이는 이 인물은, 교구 수석 신부의 아들로 영민하여 장래가 촉망되는 신학생이었으나 스스로 공부를 때려치우고 나오면서 집안의 수치가 되었고, 지금은 오르간을 연주하며 혼자 신학 공부를 하는 사람이다.

싱클레어와 피스토리우스는 '아브락사스'라는 단어에서 서로 불꽃이 튀어 급속도로 가까워진다. '아브락사스'란 선과 악을 동시에 가진 고대로부터 전해지는 신의 이름이다. 두 사람 도두 하느님, 곧 선에 속한 신과의 합일이 인간에게는 불가능하다고 보았다. 그 이유는 인간의 내면에는 분명히 악이 존재하기 때문이다. 그러므로 인간과 같이 선과 악을 동시에 갖고 있다는 아브락사스, 즉 사람과 같은 신을 받아들이고 나서야 비로소 그 신과 겨루어도 보고 자신을 갈고닦기도 하면서 점점 신적 존재에 가까이 다가가 마침내는 신과 같아질 것이니, 드디어 신과 세상과 자신 사이의 문제에 해답을 찾았다고 생각했다.

피스토리우스는 데미안과 달리 싱클레어와 같이 고민하고 같이 답을 찾는 식이었다. 그러나 이들은 돈 피차 큰 차이점을 발견하는데 싱클레어는 완전히 틀이 다른 새로운 종교, 새로운 신념을 구축하는 중이었지만, 피스토리우스는 기존의 종교적 틀 안에 새로움을 불러일으키려는 고민을 이어가는 중이었다. 이 사실을 깨닫고 둘은 결별한다.

갈등뿐이었고, 실패뿐이었고, 방황뿐이었던 것 같으나 자기 자신을 찾아가기 위해 치열했던 싱클레어는 자기도 모르는 사이에 서서히 성장하고 있었다. 방탕과 무절제를 버리고 묵상과 독서, 대화와 자기 수련에 빠져 있는 사이, 그의 눈빛과 인상이 달라졌을 것은 두말할 필요도 없고, 스스로 한계와 필요를 알게 되었을 것이다.

✦

이제 데미안에 대해서 알아봐야 할 때가 왔다.

'데미안은 왜 남과 다를 수 있었을까? 그를 특별하게 만든 것은 무엇이었을까?'

모두가 당연하게 받아들이는 것을 그대로 받아들이지 않고, 자신만의 시각으로 재조명하려 하고, 사람의 마음을 다루는 법을 알고 있으며, 남이 함부로 자신을 마음대로 대하지 못하게 만드는 내면의 힘. 데미안 역시 한낱 소년에 불과했는데, 이런 능력을 언제 어떻게 가질 수 있었을까. 보통의 소년들이 이 면 아니면 저 면을 보고, 이쪽 아니면 저쪽에 속해 있을 때 데미안은 그 어느 것도 아니었으니, 한 마디로 그는 차원이 다른 존재였다.

'세상을 한 차원 높게 볼 수 있게 하는 존재.'

살면서 이런 사람, 한 번은 다 만나보지 않는가. 현실에서든, 허구에서든.

데미안에 대한 정보는 매우 한정적이나 결정적이어서 짐작하기 어렵지는 않다. 데미안의 어머니가 이미 남다르다. 남편으로부터 받은 유산이 많고, 매우 아름다운 여인이라는 특별한 설정이 독자에게 거리감을 느끼게 하고, 그녀의 정신적 능력에 오히려 집중하지 못하게 하는 면이 있다. 그렇다고 해도 돈 많고 아름다운 미망인이라는 고리타분한 역차별 프레임을 새롭게 고

처간 작가에게 경의를 표하며 데미안의 어머니, '에바 부인'을 한 번 들여다보자.

그녀는 남편이 죽자, 아들을 데리고 다른 도시로 이사할 수 있는 독립적인 여자다. 모든 면에서 약자일 수 있는 혼자된 여인이 기존 삶의 터전을 버리고 새로운 곳으로 옮겨 간 것, 교회가 사교의 중심일 수밖에 없는 독일 사회에서 그것을 거부할 수 있었던 것, 온갖 뜬소문에 일일이 대응하지 않는 것, 소신대로 아들을 키우는 것, 강한 카리스마 없이 부드럽고 겸손하고, 사람과 사고에 경계를 긋지 않는 여인이었다. 데미안은 이런 편견과 관습을 넘어선 다양한 사고에 열려 있는 어머니, 자기 자신을 지켜내는 어머니를 보고 자랐기에 그렇게 어린 나이에 남다를 수 있었을 것이다.

✢

헤르만 헤세의 소설에서 또 중요하게 다루는 것은 '소년의 사랑'이다. 소년의 사랑이기에 한철 소나기 같은 풋사랑으로 그리고 있느냐 하면 전혀 그렇지 않다. 헤세의 소설에 등장하는 주인공 소년들은 대개 십 대 중반에 처음 사랑을 겪고 그 사랑에 매우 진지하다. 사랑을 주고받은 여성은 오직 어머니밖에 없는 싱클레어는 이성과 사랑에 대한 갈증을 품고만 있으면서, '베아트리체'라는 상상의 여성에게 정신적 사랑을 열렬히 바치지만,

사라지지 않는 성욕을 해결하지 못해 악몽에 시달린다.

이런 그가 데미안의 어머니를 보고서, 그 육체적 아름다움과 존재적 탁월함에 반해 자신의 애인이요, 누이요, 어머니로 받아들이고 사랑을 쏟는다. 데미안의 어머니는 얼마나 남다른지 아들뻘인 싱클레어의 고백에도 모든 가능성을 열어놓을 정도다. 이렇듯 데미안에겐 이해 못 할 권위적인 존재가 없었다. 싱클레어에게 있어서 아버지와 같은 존재가 데미안에겐 없었다. 물론 이런 인물 설정은 매우 소설적이다. 이렇게 완벽하게 아무것도 거칠 것이 없는 인생이 어디 있겠는가.

데미안은 가끔 이해 못 할 상태가 되곤 했는데, 싱클레어가 직접 목격한 그의 모습은 눈을 뜬 정지 상태로 영혼이 빠져나간 듯 보였다. 내가 보기엔 일종의 접신 상태 혹은 초월 상태를 표현한 게 아닌가 싶다. 데미안과 그의 어머니가 보여주는 초월 능력은 딱 거기까지로 보는 게 좋겠다. 이것을 확대 해석하여 초능력을 가진 부류로 받아들이면 작품 이해에 방해가 된다.

이렇듯 성장한 싱클레어와 다시 만난 데미안과 그의 어머니는 누가 이끌고 누가 따르고 할 것 없이 합일된 세계관 속에서 안정과 평화를 맛보며 지낸다. 전체의 신념에서 벗어나 자기 자신으로 사는 것에 다다른 싱클레어는 생애 처음으로 자유를 맛보지만, 운명처럼 다시 전체 속으로 들어가야 할 때가 왔으니, 조국에 전쟁(제1차 세계대전)이 일어났고, 데미안과 싱클레어 모두 징병 된다.

　전쟁의 포화 속에서도 싱클레어는 이 모든 것이 전체가 자신에게 억지로 지운 운명이 아니라 자기 내면에서 일어나는 성숙의 시간으로 받아들인다. 부상당한 싱클레어가 혼미한 중에 데미안이 찾아온다. 그리고 처음 만났을 때로 돌아가 이제 내가 도와주지 않아도 악당 크로머를 네 힘으로 다 해결할 수 있다고 말해주는 꿈에서 깨어나고 소설은 끝을 맺는다.

✧

　싱클레어에게 데미안은 주어진 세계에 균열을 가져온 최초의 인물이다. 그 균열을 스스로 깨고 나와 한 마리 새가 되어 날아가기까지 싱클레어의 내적 투쟁이 쓰디쓰게 그려진다.

　한때 우스갯소리로 "계란을 자기가 깨면 병아리고, 남이 깨면 후라이"라고 했다. 누군가 《데미안》이라는 난해한 소설을 한 줄의 명문장으로 착즙해 놓았다. 작품의 방향성을 잃지 않고 책을 읽어나간다면 너무나 아름다운 문장으로 표현된 한 소년의 방황과 성장을 이해할 수 있다. 신비주의 요소들이 가미되어 있지만, 감상을 해칠 정도는 아니다. 기존의 질서에 대한 도전으로 시작한 이 작품은 허균의 《홍길동전》처럼 결말에 이르러서 다소 산만한 느낌이 든다. 헤르만 헤세도 허균도 도전이 도전에 그치지 않기 위해서는 역사의 흐름과 시대의 요구와 수많은 요건과 사건 위에 누구도 생각하지 못한 엉뚱한 곳에서 어이없음에 가까운 우연이라는 불씨가 날아들어야 함을 알지 않았을까. 이 모든 걸 서사로 풀어 한 작품 안에 담기엔 버거웠을 것이다.

'나에게는 누가 데미안과 같은 사람이었을까? 당연하게 받아들이던 기존의 것들에 물음표를 한 번 그려볼 수 있게 자극을 줬던 이는 누구였을까?'

'나는 누군가에게 한 번이라도 데미안과 같은 존재였는가? (자신 혹은 타인이) 만든 세계에 갇혀 질식해 가는 이에게 산소 가득한 바람을 불어넣어 준 적이 있었을까?'

지금 우리에게는 너무나 당연하게 우선시 되는 자아 발견, 자아 존중이 한때는 입에 올리기에도 엄청난 용기가 필요한 개념이었다. 그러나 묻지 않을 수 없다. 자아를 발견하기 위해 자아를 존중하고 있는지. 과연 나 자신에게로 이르는 길이라는 게 있다는 것을 알고 있는지.

싱클레어의 입을 통해 헤르만 헤세는 이렇게 절규했다.

내 속에서 솟아 나오려는 것.
바로 그것을 나는 살아보려고 했다.
그러기가 왜 그토록 어려웠을까.
신이 우리를 외롭게 만들어 우리 자신에게로 인도할 수 있는 길은 많다. 그런 길을 그때 신이 나와 함께 갔던 것이다.

고민하되 끝까지 포기하지 않고, 타협하지 않고, 자신을 속이지 않고 자기 자신으로 살기 위해 자신을 연소하며 마침내 자신에 이른 싱클레어를 칭찬하며 이 글을 맺는다.

헤르만 헤세
Hermann Hesse, 1877–1962

페터 카멘친트
Peter Camenzind

The man who read

✤

　오직 단잠 하나로 심신의 건강을 유지하던 내가 어느 날부터 잠을 못 자게 되었다. 약을 처방받아서 먹기 시작했는데도 밤을 꼴딱 새우는 날들이 이어졌다. 하~ 태어나서 처음이다. 잠 못 이루는 밤이란 정말 괴롭다. 드라마도 봤다가 영화도 봤다가 다큐멘터리까지 보면서 약효가 돌기를 아무리 기다려도 눈만 피곤하고 머릿속은 점점 더 날이 서는 기분이었다.
　그러다가 어느 날 목사님 설교 말씀을 찾아 듣게 되었는데, 세상에! 특효다! 듣다 보면 나도 모르는 사이에 잠에 빠져드는 것이다. 그렇게 매일 자기 전, 약 먹고 설교 듣기가 루틴이 되었다. 5분도 못 듣고 자는 날들이 이어지면서 반성이 되었다.
　'설교 말씀을 수면제로 써먹어서야 되겠는가?'
　신자의 바른 자세가 아니라는 생각에 설교 대신 다른 들을거리를 찾아보았다. 그때 만난 것이 소설을 읽어주는 채널들이었다. 읽어봤거나 아직 읽지 못한 소설들이 가득 들어 있었다. 얼마나 반갑던지.

과연! 나의 기대를 저버리지 않고 이 소설들은 순식간에 나를 달콤한 꿈나라로 날려 보냈다. 어떤 밤은 한 문장도 못 듣고 잠에 빠져들었다. 이제 약은 없어도 책 읽어주기를 틀어놔야 잠이 오는 정도다. 이 정도면 불면증이 다 나은 게 아닌가 싶은데 그건 또 아니더라는…. 무슨 일만 터지면 책 한 권을 다 듣도록 말똥말똥한 눈에 핏발이 서 있다.

내 잠이야 어찌 되었든 그게 중요한 게 아니었다. 읽었던 소설이나 읽은 거로 쳤던 소설의 내용이 완전히 다르게 다가오는 신기한 밤이 이어졌다.

'이게 이런 이야기였어?'

예전에는 이해 못 했던 소설들도 누워서 눈을 감고 들으니 술술 이해가 되면서, 더 듣고 싶어서 안 자고 싶은데도 누가 잠 속으로 막 눌러버리는 것 같았다.

'이상하다. 이유가 뭐지?'

✢

나는 원래 시각과 비교해서 청각을 통한 정보 처리 능력이 현저히 떨어지는 사람이었다. 팝송이나 우리나라 가요를 텔레비전이나 라디오로 들으면 내 귀에는 다 웅얼거리는 소리로 들리고, 영화 볼 때는 대사는 못 알아들으면서 효과음에는 지나치게 놀라고 겁을 먹어서 아예 볼륨을 끄고 자막으로만 보는 게 속이 편하다.

나는 1900년생 친할머니가 돌아가실 때까지 한방을 썼다. 주로 집에는 할머니랑 나 둘만 있었다. 나의 유일한 대화 상대는 한국전쟁 대포 소리에 귀가 멀어버린 탓에 의사소통이 매우 힘들었다. 따라서 할머니는 거의 말씀이 없으셨다. 할머니의 대착 간식인 설탕물과 환타를 드실 때마다 내게도 주셨는데 그때도 말없이 컵만 내리셨다. 민화투를 같이 칠 때도 말없이 화투 이불을 펴기만 하셨다. 난 할머니께 화투를 배웠을 텐데, 기억에도 없지만 나와 할머니는 대낮에 방에 들어앉아 치열한 두뇌 싸움을 펼치며 말없이 화투장을 냅다 쳐대며 짝을 맞췄다. 그만하자는 말씀도 없으셨다. 이불을 걷으면 그만이었다. 할머니를 따라 목욕탕을 가도 우리는 아무 말 없이 씻다가 왔다. 신기한 건 할머니의 절친이 우리 집에 오시면 두 할머니가 앉아 조용조용 천천히 얘기를 나누셨는데 지금 생각하면 그게 어떻게 가능했나 싶다.

할머니는 내가 아무리 오래 피아노를 치고 노래를 불러 젖혀도 시끄러우니 그만하라는 말씀을 한 번도 안 하셨다. 못 들으시니까. 그런데 내가 책을 읽다 깔깔 웃으면 그때는 깜짝 놀라셨는지 귀 아프다고 호통을 치셨다. 청각장애가 있는 할머니와

열아홉 살 때까지 한방을 써서였을까? 상대방이 내 말을 과연 알아들을까 하는 불안감이 내 안에 굳게 자리를 잡았고, 나도 모르게 할머니처럼 입 닫고 귀 닫고 살다보니, 나는 듣고 말하기보다 읽고 쓰기가 훨씬 편한 사람이 되었다.

이렇듯 과묵한 인생을 살던 중에 덜컥, 잠이 안 오는 어느 날이 찾아오더니, 한 술 더 떠 나의 망막도 신호를 보내왔다. 눈을 아끼란다. 까불면 꺼버리는 수가 있단다.

내 귀가 세상이 보내오는 신호를 못 잡기도 했지만 늘 생각이 많아서 겨우 잡은 신호의 내용을 놓치기 일쑤였는데 이제는 그러면 안 된다. 눈을 감고 듣자. 듣자. 듣자. 눈을 감고 들으면 감은 눈이 열어주는 캄캄한 우주에 내가 듣는 내용이 그림처럼 펼쳐지니 또 하나의 세계가 열렸다.

이야기 듣기에 빠지면서 옛날 생각들이 났다. 우리 엄마 분식 가게에는 늘 라디오가 켜져 있었다. 간증 프로그램인 〈새롭게 하소서〉를 애청하던 엄마 때문에 수제비 먹던 손님들까지 강제로 쥐죽은 듯이 들었지. 피아노 치고 돌아오던 버스에는 직장인들, 학생들이 빽빽이 들어찼는데 라디오 드라마에 모두가 귀 기울여 빠져들었던 고요한 집중의 순간, 내려야 하는 역이 야속했던 얕은 한숨 소리까지 생각이 난다.

'내가 눈이 멀면서 귀가 열렸나?'

별별 추억이, 때로는 청승이 잠과 함께 나란히 이어지던 어느

밤, 그날도 낯선 소설 하나를 택하고 잠을 자려고 누웠는데 빛처럼, 바람처럼, 향기처럼 내 귀를 타고 들어와 내 가슴을, 내 온몸을, 내 기억까지 찾아와서 온통 행복으로 칠해주었다. 잠에 빠져들면서도 나는 웃음이 나왔다.

'이거 무슨 책이지? 이렇게 재밌는 책이 이제까지 어디에 숨어 있었던 거지?'

이 책이 바로 《페터 카멘친트》이다. 몇 달을 계속 들었다. 다른 이야기로 넘어가고 싶지 않았다. 내게는 행복이 필요했다. 복잡하거나 난해하지 않고, 돌아가거나 뛰어넘을 필요 없는 단순하고 투명한 행복이 이 책 가득 넘쳐났다.

'누가 이런 재밌는 책을 쓴 거야?'

놀라지 마시라. 우리의 가여운 천재 '한스'와 자기를 찾아 헤매던 '싱클레어'를 세상에 내보낸 헤르만 헤세다. 헤르만 헤세의 첫 장편 소설이 이 작품이다. 이토록 속속들이 정겹고 사랑과 웃음이 가득한 소설이 그의 가슴 속에 있었다니! 정녕 동일 작가란 말인가?

누군가는 《수레바퀴 아래서》와 《데미안》을 성장소설이라 하겠지만 내가 보기에는 《페터 카멘친트》야말로 진정한 성장소설이다. 인물의 청소년기만 보여주는 전작들과는 달리, 페터는 꼬마에서 성인에 이르기까지, 즉 이야기 처음부터 끝까지 주인공이 내면으로 성장하는 이야기이고, 이야기가 끝난 뒤 주인공의 노년까지 그려볼 수 있게 해주는 작품이다.

✤

　페터는 나고 자란 곳의 환경이 특별한 것 외에는 장편소설의 주인공이 될 만한 극적 요소를 가지지 않은 '보통 남자'다. 그의 부모도 매우 평범하다. 그의 이야기가 끝날 때까지 등장하는 인물들은 모두 평범한 보통 사람들이다. 다만, 페터가 보통 사람들과 다른 점이 있다면 '책을 사랑하고 글을 잘 쓴다'는 것이다. (다른 소설 주인공들 역시 비슷하다.) 이것이 소설 속 다른 등장인물이나 동네 사람들과는 다른 그가 가진 차별점이다.

　보통의 남자가 나이가 차서 고향을 떠나 대학에 다니고 직업을 찾다가 간간이 부모가 계시는 고향을 찾아오고, 다시 도시로 떠나 친구를 만나고 싸움도 하고 좋아하는 여자가 생기지만 또 차이기도 하고, 아픈 마음을 달래느라 술도 먹고 여행을 떠나고, 꼭 아닌 사람이 나를 좋아해서 곤란에 빠지고 그러나 받아들일 수는 절대 없고, 다시 일상으로 복귀해서 맘 좀 잡고 일을 하려는데 나이가 차면 으레 그렇듯 연로한 부모를 돌봐야 하는 일이 생겨 다시 일상이 무너지고 고민하고, 뭐 이러다 이야기는 끝이 난다.

　인물의 성격이 유리알같이 속이 다 보이기 때문에 고민하여 파헤칠 것도 없고 행간의 숨은 뜻을 놓친 게 없나 찾느라 수고

할 필요가 없다. 쓰인 대로 읽으면서 따라가기만 하면 된다. 그림으로 치자면, 정지된 물건의 숨은 의미를 찾는 정물화나 공연히 고민하게 만드는 추상화가 아니라 보이는 대로 '아!' 하고 감탄에 빠지기만 하면 되는 풍경화 같다.

무엇 하나 특별한 것 없는 이 '말 없고 덩치 큰, 술고래 사나이의 이야기'가 내게는 너무 친근해서 듣는 내내, 읽는 내내 얼굴에서 미소가 그치지 않았다. 사고뭉치였던 나의 외삼촌도 떠오르고, 단체로 기가 막혀서 욕을 해대면서도 그 사고뭉치의 코미디에 웃음을 터뜨렸던 외가 식구들도 떠오르고, 산 넘어 놀러 다녔던 우리 오빠들도 떠오르고, 뒷산에서 칡뿌리 캐 먹고 놀았다는 내 친구도 떠오르고, 세대별 기준에 따라 노는 거라면 뒤지지 않을 자신이 있는 나의 4남매도 떠오르고, 무엇보다 내 모든 작문의 뮤즈인 어린 시절 우리 집 마당, 옥상, 골목길, 벌판, 텃밭 그리고 하늘이 이 책을 읽는 동안 다시 살아나 그 모든 걸 잃어버린, 중년의 나를 다시 감싸 안았다.

스위스 그 산지대라면 '알프스 소녀 하이디'가 뛰어노는 아름답고 평화로운 자연만 떠오르지만, 페터의 고향에는 아름다움과 평화로움 외에 거칠고 사납고 매서운 자연도 공존하고 있었다. 이 자연 속에서 살아가느라 생겨난 고산지대 사람들만의 특징이 '강인한 육체, 무표정, 깊은 주름, 말 없음'이다. 너무나 척박한 자연환경이다 보니 외지인의 유입이 거의 없어서 '카멘친트'라는 성을 가진 사람들이 대부분인 집성촌이다. 세월이 아무리 흘러도 사는 모습이 거의 변하지 않는 그런 곳에서 페터는 나고 자랐다.

이 소년에게서 나와 닮은 구석을 제일 처음 발견한 건 '게으름'이었다. 아버지가 매를 들어가면서 고치려고 즉, 인간을 만들어 보려고 아무리 애를 써도 안 되는 게 그의 타고난 게으름이라니, 어쩌나 반갑던지. 마음에 드는 곳에 누워서 뒹굴뒹굴하는 게 페터의 취미였고 그의 꿈은 바닷가에 드러누워 노는 물개가 되는 거라니! 오, 나보다 한술 더 뜨는 인간을 만날 줄이야.

그다음이 이 소년의 '자연 사랑'이었다. 알프스의 산자락. 어떻게 알프스를 사랑하지 않을 수 있겠는가. 그런데 이 소년의 자연 사랑은 좀 유난하다. 읽는 내내 진정한 자연인이란 이런 사람이 아닐까 생각했다. 뾰족한 산봉우리부터 들에 핀 작은 꽃 한 송이까지, 무섭게 몰아치는 바람 소리부터 소리 없이 흐르는 저 하늘의 구름까지 무엇 하나 그저 지나치는 것 없이, 하나하나 이 소년의 가슴에 아로새겨져 그의 정서를 윤택하게 해 준다. 고향과 부모를 떠나 살면서 그가 감당할 수 없는 일을 만날 때마다 그는 도망치듯 이 자연으로 숨어들어와 숨을 고르고, 숨을 돌리고, 숨을 쉬고 힘을 차려 다시 자기 삶으로 돌아갔다.

이 좋은 알프스를 자신의 피난처로 삼을 수 있었던 페터는 자연과 친구가 되어 소통하며 애정을 나누며 자란 탓인지 사람과의 관계는 늘 서툴고 어렵고 자주 실패하고 어색하고, 실수투성이다. 세련된 도시에서 산골 출신 페터가 맞닥뜨린 민망한 순간, 울분의 순간, 바보가 된 순간마다 먼 옛날 나의 순간들이 떠올랐다. 그의 감정을 같이 느끼며 같이 부끄러웠다가도, 페터가 자기 생긴 대로 대차게 대응하는 것을 보고 부럽기도 하고, 그러지 못했던 그때의 나를 위로하기도 했다.

'이 책을 좀 더 일찍 읽었어야 했어!'

후회막급이다.

✢

드디어 이 책에서 헤르만 헤세가 그리는 보통 남자가 하는 보통의 사랑을 만나게 된다. 헤세의 다른 작품들에서 잠깐씩 운만 띄운 것을 본격적으로 펼쳐 보이는데, 끅 디즈니 만화영화 〈겨울왕국〉의 얼음 장수 한스와 외모에서 높은 싱크로율을 자랑하는 우리의 주인공 페터는 사랑에도 비슷하여 옆에서 도와주는 순록도 없고 요정도 없어서인지 세 번의 짝사랑이 다 실패로 돌아간다. 말 한 번 못 꺼내본, 상대방은 알지도 못하는 짝사랑을 이 곰같고 바위같은 남자가 하고 있다. 그러나 이 사랑을 품은 그의 고백들을 읽자면 남자의 순정보다 깨지기 쉬운 브석이 세상에 몇 되지 않음을 다시 확인하게 된다.

나도 알프스산맥 수백 개 봉우리 중 하나를 딱 한 번 구경해 봤고, 입이 쩍 벌어지는 멋진 곳을 몇 군데 다녀봤다. 하지만 내가 정신적으로라도 달려가서 쉬고 오는 곳은 어릴 적 우리 집 작은 화단이 있던 마당이다. 마당으로 떨어지는 햇살과 그만큼 생기던 그림자, 화단에 심긴 꽃나무, 들려오던 새소리, 옥상에 올라가서 보았던 하늘, 구름, 그리고 밤하늘, 별. 나는 이곳으로 매번 여행을 떠난다. 맘 편한 날이 하루도 없던 가정이었다. 며느리를 괴롭히는 게 유일한 특기인 눈 침침하고 귀 어두우셨던 우리 할머니의 만행에 나는 늘 불안에 떨었다.

그런데도 이 집에서 만났던 그 작은 자연이 나를 계속 부른다. 아니, 떠나지 않고 내 안에 존재하고 있다. 페터는 사람들과 우정을 쌓고 사랑을 이루는 데에 실패할 때마다 고향으로 돌아가 산꼭대기에 오르고 호수를 찾아가 지치도록 배를 젓고, 무작정 길을 떠나 걷고 또 걸으며 아무 데서나 자고 아무거나 먹고 또 다른 자연을 보며 힘을 얻은 후, 다시 돌아와서 또 사람을 만나고 사람을 사랑하는 일을 계속했다. 사람에게 당하고 인생에 뒤통수를 맞으면 정신과에 가서 약을 처방받아야 할 것 같지만, 페터에게는 고향 산천이, 자연이 치료제였고 안정제였고 영양제였다. 그리하여 그의 회복력은 지치지 않았고 탄성은 줄지 않았다. 줄기는커녕 점점 더 큰마음을 얻어와 주위에 있는 힘없고 약한 사람들을 아낌없이 돌보고 사랑하는 사람이 된다.

✤

페터 카멘친트는 '순간'을 놓치지 않는 사람이다. 무뚝뚝한 듯 보여도 그는 소중한 순간을 절대로 놓치지 않고, 그 짧은 시간에 정성을 다해 사람답다는 것이 무엇인지 우리에게 보여준다. 여성과 어린이와 낯선 이에게, 그리고 장애인을 대하는 그의 자세는 그가 사나이일 뿐 아니라 신사임을 보여준다.

읽는 내내 주인공이 참 부러웠다. 그의 고향이 알프스인 것도 부럽지만, 그밖에도 여러 부러운 장면들이 있다. 열 받는 일이 생기면 군소리 없이 혼자 술집으로 가서 맥술을 마시고 떡이 되도록 취했다가도 자고 나면 멀쩡해지는 장면, 사는 게 뒤숭숭하면 튼튼한 두 다리를 믿고 멀리 혼자 여행을 떠나는 장면, 아무 데서나 자고 아무거나 먹으면서 낯선 곳을 혼자 돌아다니는 장면, 산에 올라 기분이 좋으면 나지막이 요들을 부르는 장면, 글을 써서 생계를 유지하는 장면, 자신의 기분을 감추지 않고 솔직하게 드러내는 장면. 그중 가장 인상 깊은 것은 아버지와의 대결 장면이다. 작품 전체에서 하나의 줄기를 이루는 부자지간 대결에서 처음에는 다들 페터가 일방적으로 당하지만, 그가 자라면서 점점 역학관계에 변화가 일어나고 마침내 역전이 일어나

다가 나중에는 남자 대 남자, 사나이 대 사나이의 연대로 스며든다.

 단 한 문장도 그저 지나칠 수 없도록 생생하게 보통의 인간사를 특별한 인물 위에 그려낸 작가에게 감사를 표하고 싶다. 알프스산맥 한 자락에서 있었을 법한 이야기는 50년 넘게 지켜봐 온 나의 일가친척과 고향 사람들 이야기와 어찌 그렇게 닮아 있는지. 페터가 고향을 떠날 때의 그 자유도, 고향 사람들과는 질적으로 달라지고 싶었던 그 패기도, 낯선 도시에서 겪는 촌뜨기의 얼얼함도, 저 아랫지방 어딘가에서 공동체를 이루며 나의 소식을 꿰고 앉았을 노인들이 아직도 있음에 감사드리는 마음마저 페터의 이야기는 나의 이야기와 참으로 많이 닮았다. 백년도 넘게 독자들의 감동을 타고 내려오는 작품들은 이러한 생명력으로 죽어 있던 나의 추억까지 소생시키는 것이다.

✥

 어린 시절이란 얼마나 소중한가! 어린 시절을 보낸 자연은 이토록 값지다. 한 어린아이가 그를 둘러싼 자연을 통해 무엇을 보고 무엇을 담을지 경험해 보지 않은 사람은 알 길이 없고, 경험을 통해 꺼내보지 않은 사람 역시 가늠조차 못 할 것이다.

 도시에서 태어났으나 개발이 덜 된 곳에서 나의 작은 마당을 갖고 자란 나는 운이 좋은 편이다. 그 마당이 내게 베푼 것을 아직도 우려먹고 있다. 개발의 끝에 와있는 것 같은 요즘, 나의 아이들은 어떤 자연을 안고 사는지 돌아보면 아이들에게 미안할 뿐이다. 먼저 태어난 운 좋은 사람으로서 말이다.

다시 아이를 키운다면 땅끝으로 가겠다. 개발을 피해서 도망가겠다. 대자연을 찾아 헤매보련다. 소박하게 먹고 소박하게 입고 그저 자연에서 하루를 맞이하고 싶다. 자연이 한 아이에게 어떤 일을 시작할지 기대하는 마음으로.

헤세는 의도적이었는지 자연에서 쉼을 갖기를 원했으나 빼앗겼던 천재 한스와 자연에서 뒹굴고 노는 게으름뱅이 페터를 둘 다 탄생시켰다. 한 소년은 죽음에 이르고 한 소년은 끊임없이 성장하여 사랑함에 이른다.

이 소설의 첫 문장은 이렇다.

위대한 신은 모든 어린아이의 영혼에도 매일 또다시 신화를 창조한다.

신화의 주인공은 한 나라를 세우거나 한 민족을 여는 인물이다. 그래서인지 신화는 늘 거창하다. 너무 거창해서 신화의 주인공이 현실 인물이라는 생각이 들지 않을 정도다. 그러나 그 주인공도 제 인생을 살았던 한 사람일 뿐이다 그도 태어나서 자라고 고민하고 도전하고 실패하고 다시 도전하여 자기 자신만의 인생을 뜨겁게 살다 간다. 그의 삶이 어떤 시간과 맞아떨어져 한 나라의 탄생, 한 민족의 시작과 맞물렸을 뿐이다.

헤르만 헤세는 어린아이 모두가 신화의 주인공이라 말한다. 신이 그렇게 창조한다고 썼다. 헤세가 이렇게까지 표현한 것은 한 어린아이가 얼마나 소중한 존재인지, 지금은 그 아이가 그저 수많은 아이 중 하나일 뿐이라 해도, 언젠가는 신화의 주인공 같은 삶의 주인공일 수 있다고 말하고 싶었던 것이리라. 참으로 맞는 말이 아닌가.

모든 어린아이라면 나도 당신도 여기에 속한다. 우리는 모두 신화의 주인공 같은 특별한 존재다. 이미 다 커버려서 틀렸다고? 아니다. 나는 아무리 생각해도 내 속에 아직 어린아이가 있는 것 같다. 자라야 할 면이 너무 많다. 아직 기회가 있다. 누구도 관심 두지 않았던 나의 어린 시절이었다면, 이제 내가 내 안의 어린 나를 하나의 신화를 써낼 주인공으로 보는 신의 눈으로 나를 돌보려 한다.

이 책을 읽다 보면 당신에게도 영감이 떠오를 것이다. 행복이 바닥나서 어떻게 해야 할지 몰라 헤매고 있던 나에게 행복의 샘이 이미 내 안에 있으니 다시 샘을 파라고, 머지않아 행복이 터져 나올 거라는 영감을 준 이 작품. 당신에게도 선물이 되었으면 좋겠다.

제롬 데이비드 샐린저
J. D. Salinger, 1919–2010

호밀밭의 파수꾼
The Catcher in the Rye

The man who read

✤

 존 레논을 총으로 쏜 자는 왜 이 책을 읽고 있었을까. 찾아보니 1980년, 내가 열 살 때 일어났던 사건이던데, 언제 어떻게 내게로 이 소식이 전해졌는지 모르겠다. 범인이 암살 직후 현장을 떠나지 않고 경찰에 체포될 때까지 읽고 있었다는 책이 《호밀밭의 파수꾼》이며, 책 내용이 상당히 위험하다고 들은 것만 기억이 난다.
 난해한 것이 아니라 위험하다고? 잠재적 살인자들이 영감을 얻을 만한 스릴러와 호러가 얽힌 일종의 납량특집 공포물 같은 건가? 제목도 수상하다.
 '호밀밭의 파수꾼.'
 우리말로 소리 내 읽어보면 제목 자체가 그 어떤 설명이 없어도 심상찮은 느낌을 물씬 풍겼다.
 옛날에는 학생들이 그리 바쁘지 않아서 나도 중학교 다닐 때까지는 등교 전, 하교 후 시간 여유가 있었다. 아침마다 아빠가 먼저 읽고 한쪽으로 밀어둔 신문을 조반 드시는 동안 옆에 붙어 앉아서 이리저리 뒤적거리는 게 내 취미였다. 광고면을 주로 구경하고, 내가 아는 한자가 있나 찾아도 보고, 4컷 만화 〈고바우 영감〉도 보고 마지막으로 TV 프로그램 편성표를 쭉 훑고 나면, 우리 아빠의 아침상이 내게로 넘어온다. 내 몫으로 오는 밥보다 아빠가 남긴 적당히 식은 밥과 국이 그렇게 맛있을 수가 없었다.

아마 이 시간 그 어디쯤이었을 것이다. 교과서보다는 잡지에 실릴 법한 내용에 귀가 번쩍 뜨이는 내가 수업 시간에 들은 이 책에 대한 소식을 우연히 신문에서 발견하고 혼자 중얼중얼 제목을 반복해서 읽으면서 상상하는 거지 또.

'파수꾼이라면 적들이 오나 안 오나, 지키는 사람인데 반전이 있는 거지. 이 파수꾼이 악당인 거야! 이 사람을 믿고 따라갔다가는 목이 댕강 날아가고 피를 철철 흘리는 시체들이 여기저기 흩어져 있는 호밀밭 한가운데인 거고. 오도 가도 못하는 밭 한가운데 서서 곧 닥쳐올 내 운명을 향해 괴성 발사! 나 같은 사람은 공포에 질려서 바로 기절하고, 파수꾼은 내가 죽은 줄 알고 시체 무더기에 던져버리고 나는 시체 옆에 누워 있다는 사실에 여러 차례 기절을 반복하다가 심장마비나 호흡곤란으로 죽겠지. 이 아수라에서 구사일생으로 살아남은 최후의 한 사람이

쓴 지옥 체험기 같은 건가? 아, 딱 질색이다.'

나는 〈전설의 고향〉을 보고 자란 세대로서 동서양을 막론하고 주인공이 사람이냐 귀신이냐를 가리지 않고 공포물은 너무너무 싫다. 길고 좁은 어두운 골목길 끝에 있는 집까지 혼자 가야 했던 나로서는 영상에 나온 끔찍한 모습과 소리에 내 상상력까지 더해져서 보통 괴로운 게 아니었다.

'살인'이라는 최초의 선입견에 갇힌 나는 '이 책은 안 읽어야겠다'라는 결론을 내렸고, 덕분에 이토록 사랑스러운 주인공을 나이 오십이 넘어서야 만나게 되었다. 갱년기는 간도 붓게 하는지 그동안 무서워서 보지 못한 영화들을 봐도 하나도 안 무섭고 재미있기만 하다. 여전히 귀신이 등장하는 건 잔상이 오래가서 선택하지 않지만, 사람만 등장하는 공포물은 눈 하나 깜짝 않고 본다. 때가 왔다. 그래서 소설 듣기 채널에서 과감하게 이 작품을 틀어놓고 깜깜한 방에 혼자 누워서 언제 소름이 돋나 기다렸다. 그런데 이야기는 살인과는 아무 상관이 없고 배경도 호밀밭이 아닌 내가 그토록 좋아하는 뉴욕이다. 아, 나는 또 헛다리를 매우 심하게 짚었다.

✤

우리의 주인공, 홀든 콜필드. 나이 16세. 네 번째로 옮겨간 고등학교에서 막 퇴학 통보를 받았다. 사유는 수강 과목 다섯

개 중에서 네 과목에 낙제해서. 낙제를 면한 과목은 작문. 여느 소설 주인공처럼 홀든 역시 글쓰기에 남다른 재주가 있다. 낙제생이라는 것 외에는 어디 흠잡을 데 없이 용모 단정하고 품행이 바른 학생이다. 용모가 얼마나 단정한가 하면 대부분 부유층 자제들이 오는 이 사립학교에서도 차림이 눈에 띈다. 홀든의 옷은 친구들이 서로 빌려 입고 싶을 정도로 고급이고, 소지품은 최고급에 최신상이라 누가 훔쳐 갈 정도다. 품행은 누구를 만나든 상대에 맞게 넘치지도 모자라지도 않게 공손하고 친절하고 약속을 잘 지키고 예의가 깍듯하다. 큰 키에 호리호리한 체격, 미남형 얼굴, 돈을 펑펑 쓰는 할머니, 돈을 잘 버는 변호사 아버지와 남다른 안목을 가진 세련된 어머니를 둔 부잣집 둘째 아들. 그래서인지 돈 아까운 줄을 모르는 단점이 있다. 거스름돈을 받아오거나 잔돈을 챙기지 않아서 어머니에게 야단을 자주 맞는단다. 일찍부터 한쪽으로 흰머리가 수북이 자란 탓에 미성년이 아니라고 우기고 술집도 기웃거린다.

  글에 재주 있는 남자치고 매우 색다르게 운동에도 뛰어나다. 골프를 잘하고, 펜싱팀 주장이고, 사교계의 필수 과목인 춤에도 능할 뿐 아니라 춤을 즐길 줄도 안다. 전형적인 미국 상류계층 자제로 보인다.

  이 작품은 주인공이 퇴학 통보를 받은 날로부터 3일 동안 일어난 이야기다. 학교에서 발송한 퇴학 통지서가 부모님 집에

도착하기 전까지, 부모님이 또다시 실망하게 되기 전까지 기간이다. 크리스마스 방학이 끝나면 다시 올 일이 없는 학교 운동장을 주인공 혼자 내려다보고 있는 장면으로 이 작품은 시작된다.

사실 난 그 주위를 어슬렁거리며 나름대로 석별의 정을 느껴보려고 대쓰고 있었던 것이었다. 이제까지 나는 떠난다는 것조차 느끼지 못한 차로 여러 학교들을 떠나왔다. 그런 것이 싫었다. 슬픈 작별이든 기분이 좋지 않은 이별이든 간에, 내가 그곳을 떠난다는 사실은 알고 싶었다. 그렇지 않으면, 기분이 더욱 나빠질 테니까 말이다.

데이트하러 나가는 친구가 부탁한 작문 숙제나 하며 토요일 저녁 시간을 보내지만 도저히 견딜 수 없는 모든 것이 집약된 듯한 그 시간을 박차고 벌떡 일어나 지금 학교를 떠나자는 마음을 먹고 교문을 나서서 기차를 타고 집이 있는 뉴욕으로 간다. 하지만 차마 집으로 바로 들어가지 못하고 이틀 밤을 밖에서 보낸다. 아무도 자기를 모르는 곳으로 떠나고 싶어서 여동생에게 마지막 인사를 하려다가, 자기를 따라가겠다고 집을 나온 여동생을 달래지 못하고, 모든 다짐을 접고 집으로 돌아가는 사흘 낮과 밤의 이야기다.

이 사흘의 낮과 밤이 지나는 동안 그는 매우 충동적이면서도 우유부단해 보이고, 어른 흉내를 내는 비행 청소년이자 나쁜 것부터 배운 가출 청소년처럼 보이지만, 배경으로 그려지는 지난 3년간의 이야기와 이 3일간의 이야기 속에 그의 내면의 이야기가 교차 되면서 홀든 콜필드라는 인물을 점점 구체적이고 입체적으로 보여주기에, 작품을 이해하고 주인공을 이해하는데 난해하거나 곡해할 만한 부분은 전혀 없다.

✢

주인공은 현재 16세로 4남매의 둘째다. 지금은 집에도 떳떳하게 못 들어가고 추운 뉴욕 거리를 이리저리 헤매고 있지만 한때 홀든에게는 똘똘 뭉쳐 다니며 이 도시의 공원과 박물관을 놀이터 삼아 놀았던 형제자매가 있었다.

첫째인 형은 둘째인 주인공과 나이 차이가 좀 난다. 형은 뉴욕에서 소설을 쓰는 작가였다가 지금은 할리우드에서 성공한 시나리오 작가가 되어 떼돈을 벌고 있다. 형의 이런 성공을 타락이자 변절로 보는 것이 홀든의 시각이다. 순수예술을 버리고 상업예술로 돌아선 형에게 실망 중이다. 두 살 아래 남동생인 셋째 앨리와 여섯 살 아래 여동생, 외동딸이자 막내인 넷째 피비까지. 유난한 빨간 머리를 가진 아이들이 홀든의 동생들이었다. 형은 세 동생을 데리고 다니며 여기저기 구경도 많이 시켜주고 홀든은 자기의 두 동생을 매우 아꼈고, 셋째 앨리는 막내 피비의 말이라면 꼼짝 못하는 오빠였다.

이 4남매 가운데 가장 뛰어난 인재는 셋째였다. 정말 어디 하나 흠잡을 데가 없는 완벽하고 사랑스러운 앨리가 3년 전에 백혈병으로 죽고, 이 충격으로 4남매의 행복은 부서졌고, 두터운 형제애가 가려주었던 부모의 약점에 남은 자식들은 노출되었던 것 같다.

난 겨우 열세 살이었을 때, 차고의 유리를 전부 다 깨부수는 바람에 정신 분석 상담을 받기도 했었다. 그 일로 어른들은 비난할 수는 없었다. 정말 그럴 수는 없었다. 내가 그 애가 죽던 날 밤 차고로 숨어들어, 유리창을 전부 주먹으로 깨부쉈으니까. 그해 여름에 샀던 스테이션 왜건의 유리창도 전부 깨보려고 했지만, 내 손은 이미 엉망으로 다쳐 있었기 때문에 그럴 수 없었다. 그건 정말 어리석은 일이었다는 걸 나도 인정하고 있다. 하지만 그러는 동안 난 내가 무슨 일을 하고 있는지도 몰랐다. 어차피 다른 사람들은 앨리가 어떤 아이였는지 알지도 못할 테고 말이다.

형은 나라의 반대쪽으로 갔고, 홀든은 아직도 마음을 잡지 못한 채 여러 학교를 전전하는 중이고, 막내 여동생이 혼자 남아 부모님과 함께 살면서 오빠들과의 추억이 가득한 곳에서 오빠들이 밟았던 과정을 똑같이 밟으며 자라는 중이다. 행복했던 동심의 세계는 저 멀리 가버려 그리움만 가득하고, 떠나고 싶지 않았던 유년의 끝자락을 놓치고 상처 가득한 청소년기, 그 공황상태에 빠져 허우적대는데 어느덧 홀든은 지금 어른 세계의 문턱에 와있는 것이다.

홀든 콜필드에게 중요한 사람이 하나 더 있다. 동생이 죽고 1년 뒤, 옆집으로 이사 온 '제인 갤러허'다. 홀든이 14세에 만난 최초의 여자 친구이자 유일한 여자 친구였고 진실한 대화를 나누며 진정한 우정을, 그리고 서툴고 어린 사랑을 나눈 사람이었다. 서로의 아픔을 털어놓고 지켜본 사이, 서로에게 마음 편하게 위로를 받은 사이였다. 그러나 이사하고 진학을 하면서 지금은 멀리 떨어져 풍문으로 소식을 듣는 정도이다.

홀든이 구하는 것은 진실한 관계이다. 자기 이야기에 귀를 기울여주고 진심을 주고받는 그런 사람을 찾아 헤매고 있다. 비슷한 시기에 일어났을 형의 변절, 동생의 죽음, 친구와 헤어짐에 준비되지 못한 소년은 마음을 잡지 못하고 방황을 거듭하고 있다. 그러나 그런 마음과는 상관없이 몸은 쑥쑥 자라고 나이도 속절없이 먹어가니, 아직 유년의 상처를 극복하지 못한 홀든은 주변인들과 어떻게 어울려야 할지 모른 채 어른 흉내를 내는 동급생들 주변만 빙빙 돌고 있다.

이 마음의 상처가 나아질 기미가 보이지 않고 점점 더 심해지는 이유는 무엇일까? 성격 탓은 아닐까? 타인에 대한 한결같은 비판은 저항적 인간성 때문은 아닐까? 이렇게 생각할 수도 있겠지만, 홀든에게는 치명상에 가까운 충격적인 경험이 있다. 이제 겨우 열여섯인데 그동안 성추행을 스무 번 정도 당한 것이다.

현재 가출 상태인 홀든은 돈도 떨어지고 갈 데도 마땅찮아서 부모님도 신뢰하고 자신도 존경하는 예전에 다녔던 학교 선생님 댁을 찾아가 신세를 지려 한다. 용기나 찾아간 선생은 예전의 선생다운 면도는 잃은 채 피곤함에 지친 제자를 데리고 향방 없는 야기만 길게 놓다가 홀든이 잠든 사이, 그의 곁에 앉아서 머리카락을 만지기 시작한다. 이런 일을 수없이 당한 홀든은 즉각 눈을 뜨고 방어에 나서며 그 집을 나오지만, 누가 봐도 명백한 이 상황에 대해서 스스로 오해일 수 있다며, 그렇게 좋은 선생님이 그럴 리가 없다며 현실 부정과 자기 부정에 빠진다. 홀든이 어떤 식으로 지난 스무 번의 성추행을 대처해 왔는지 보여 주는 장면이다. 체면과 평판을 중요하게 여기는 부모 아래서 이런 일을 혼자 겪으며 자란 홀든이 어른들에 대한 불신으로 가득한 데에는 다 이유가 있다.

중학교 때 교실에서 모여 앉은 친구들과 성추행을 당한 이야기를 나눈 적이 있었다. 우리는 뭐가 뭔지도 모르는 열넷, 열다섯 소녀들이었다. 이런 경험이 없는 아이들이 없었다. 그러나 한두 번이 전부였고, 남 앞에 꺼내놓고 얘기할 수 있는 수준이었다. 우리는 다 같이 얼굴이 벌게지도록 그런 짓을 한 인간들 욕을 있는 대로 퍼부었다. 그 수치심은 잊을 수 없고, 생각 날 때마다 치를 떨도록 분노가 일었다.

그런데 홀든은 남자다. 부모도 든든하고 집안도 번듯하다. 4남매가 똘똘 뭉쳐 다녔다. 그런데도 그 비좁은 틈을 타고 들어온 성추행이 스무 번에 가까웠다니! 1951년 출간된 이 책이 고발하는 당시 미국 사회 분위기라고 생각한다.

사랑하는 동생이 떠난 지 겨우 3년, 아버지는 여전히 바쁘고, 어머니는 어린 아들을 잃은 충격에 더욱 예민해져서, 동생을 잃은 상실감을 다루지 못하는 둘째 아들을 돌아보지 못한다. 좋은 관계 속에서 따뜻한 위로만 받아도 이겨내기 힘든 와중에 주인공은 학교에 다녀야 했다. 그는 학교에서 받은 인상을 다음과 같이 말한다.

언제 한 번 남학교에 가봐. 시험 삼아서 말이야. 온통 엉터리 같은 녀석들뿐일 테니. 그 자식들이 공부하는 이유는 오직 나중에 캐딜락을 살 수 있을 정도의 위치에 오르기 위해서야. 축구팀이 경기에서 지면 온갖 욕설을 해대고, 온종일 여자나 술, 섹스 같은 이야기만 지껄여대. 더럽기 짝이 없는 온갖 파벌을 만들어 끼리끼리 뭉쳐 다니지. 농구팀은 자기들끼리 몰려다니고. 가톨릭 신자들은 자기들끼리 뭉치지, 똑똑하다는 것들은 자기들끼리 몰려다니고. 브리지 하는 놈들은 또 저희끼리 모이거든….

당시 미국 고급 사립학교 분위기는 이랬던 모양이다. 그래서인지 이 소설은 미국에서 여러 가지 이유로 위험한 책으로 낙인찍혔고, 그 낙인이 선입관이 되어 아무 상관도 없는 극동의 반도 저 아래쪽에 사는 나도 금지 도서로 여겼으니, 세상 참 무섭다. 자기 시대를 직면할 자신이 없거나 현실을 외면하고 싶은 자들이 찍은 낙인이기에 지금 우리가 읽기에는 아무 무리가 없다. 오히려 적극적으로 추천하는 바이다.

홀든 콜필드는 지금 우리 곁에 무수히 많다. 그는 아직도 방황을 못 끝내고 이름만 바뀐 채 살고 있다. 1950년대 미국 배경이지만 내가 사는 현재의 대한민국을 베껴 쓴 것 같은 내용에, 먼저 앞서간 이들의 고민과 성찰을 빌려 쓸 수 있어 고마울 따름이다.

✢

홀든은 약자에게 강한 연민이 있다.
'어린아이, 여자, 가난한 사람들.'
이들을 향해 가진 감정이 연민을 넘어 일체감처럼 보이고, 반면에 자신은 부유층 백인 남성으로서 이들에게 책임감을 넘어 일종의 죄책감도 가진 것으로 보인다. 어린아이의 동심을 보호하고 싶은 마음이 농축되어 결국 이 책의 제목이 된다.

내가 가장 좋아하는 장면이기도 한데, 홀든은 밖에서 떠돌다가 여동생이 보고 싶어서 몰래 집으로 들어가 자는 여동생을 깨운다. 이번 학교에서도 적응하지 못하고 또 퇴학당한 오빠를 보고 이제 겨우 열 살인 여동생이 애가 타서 정신 차리라고 구박하고 훈계한다.

오빠 셋을 둔 이 딸내미, 나랑 처지가 같다. 나도 오빠만 셋이다. 오빠라는 사람이 마음 못 잡고 방황하느라 세상을 갈지(之)자로 걸어갈 때 애타는 여동생의 마음, 나도 너무 잘 안다. 부모의 한숨을 보면 오빠가 밉고, 막상 오빠를 보면 오빠가 가엾고. 세 오빠의 사랑과 보호를 다 잃어버린 지금, 혼자 망망대해 앞에 선 새 한 마리처럼 어깨가 축 처졌을 것이 뻔하다. 세상에 친오빠들만큼 만만한 존재가 어디 있나. 그 오빠가 또 학교에서 쫓겨나 부모 몰래 집으로 들어와서 내 앞에 앉아 있는 것이다.

진실한 대화 상대자를 찾아 헤맨 홀든은 결국 여섯 살 어린 여동생과 마주 앉아 대화와 상념과 고백을 주고받다가 여동생이 내민 손을 보고 결국 눈물을 터뜨린다. 그들의 대화에서 여동생의 말만 써보겠다.

─ 수요일에 오지 않고 왜 오늘 온 거야? 혹시 또 퇴학 같은 걸 당한 건 아니겠지?

─ 퇴학당한 거지! 그런 거야!

─ 맞구나. 어뜩해, 오빠.

─ 틀림없어, 퇴학당한 거야.

─ 이번에는 아빠가 오빠를 죽이고 말 거야!

─ 오빠는 왜 그렇게 된 거야?

─ 오빠는 모든 일을 다 싫어하는 거지?

─ 오빠가 싫어하니까. 학교마다 싫다고 했잖아. 오빠가 싫어하는 건 백만 가지도 넘을 거야, 그렇지?

─ 그렇게 보이니까 이러는 거지. 그럼 뭘 좋아하는지 한 가지만 말해봐.

─ 한 가지도 좋은 걸 생각해 낼 수 없는 거지?

─ 그럼 어서 말해봐.

─ 앨리 오빠는 죽었어. 오빠는 늘 이런 말만 해!

─ 그런 건 실제라고 할 수 없잖아!

─ 좋아. 그럼 다른 걸 말해줘. 앞으로 뭐가 되고 싶은 건지 말이야. 예를 들면 과학자나 변호사 같은 거.

오빠의 꿈을 묻는 사랑하는 여동생에게 주인공은 '호밀밭의 파수꾼'이 되는 게 꿈이라고 말하면서 드디어 제목이 등장한다.

나는 늘 넓은 호밀밭에서 꼬마들이 재미있게 놀고 있는 모습을 상상하곤 했어. 어린애들만 수천 명이 있을 뿐 어른이라고는 나밖에 없는 거야. 그리고 난 아득한 절벽 옆에 서 있어. 내가 할 일은 아이들이 절벽으로 떨어질 것 같으면, 재빨리 붙잡아주는 거야. 애들이란 앞뒤 생각 없이 마구 달리는 법이니까 말이야. 그럴 때 어딘가에서 내가 나타나서는 꼬마가 떨어지지 않도록 붙잡아주는 거지. 온종일 그 일만 하는 거야. 말하자면 호밀밭의 파수꾼이 되고 싶다고나 할까. 바보 같은 얘기라는 건 알고 있어. 하지만 정말 내가 되고 싶은 건 그거야. 바보 같겠지만 말이야.

지켜주고 싶은 어린아이에는 여동생뿐만 아니라 병으로 죽은 남동생 앨리도 들어가지 않을까. 어렸을 때 계부에게 성추행당한 사랑하는 여자 친구 제인 갤러허와 어린 시절부터 성추행해 온 자신도, 할리우드에서 시나리오를 쓰고 있는 형을 예전의 소설을 쓰던 형으로, 과거로 돌아가 이들을 지켜주고 싶지 않았을까.

동심이 파괴되는 것을 막아주는 제대로 된 어른, 그게 바로 '호밀밭의 파수꾼'의 정체다. 열여섯 인생을 살면서 그가 온몸으로 겪은 세상, 그 세상에서 맡고 싶은 역할이 어린이들을 지켜주는 것이다. 이 착하고 순전한 꿈이 얼마나 아픈 현실을 먹고 자랐는지 독자는 작품을 읽는 내내 알아갈 것이며, 이 꿈이 향해 가는 곳이 또한 얼마나 소박하고 아름다운지 작품에 잘 드러나 있다. 이 꿈을 꾸는 열여섯 소년이 지금 얼마나 외롭고 고독한지 그리고 세상을 향해 얼마나 자신이 없는지 문장마다 가득하다.

홀든이 책 전체를 통해 비판하는 남자는 좋은 교육을 받고 좋은 자격을 갖춘, 이른바 잘나가는 남자들이다. 이런 남자들이 남자들만의 세계에서 보여주는 이기적이고 가식적이고 과시적이며, 음란하고 문란한 모습에 환멸을 느낀다. 홀든은 지나가는 보통의 젊은 여자들이 장차 만나게 될 남자들, 겉모습으로는 도무지 알아채지 못하는 남자들의 이중성을 떠올리며 여자들의 불행한 미래를 걱정스러운 시선으로 내다보는 장면이 여럿 있다.

자신의 첫사랑이자 진정한 여자 친구인 제인 갤러허가 색광인 자기 룸메이트와 데이트한다는 소식을 듣고 제인이 혹시라도 그에게 넘어가는 것은 아닌지 하는 염려가 작품의 처음부터 끝까지 계속된다. 빼앗길 것에 대한 염려가 아니라 지켜주고 싶은 마음에서 나온 염려이다. 여자를 대하는, 나이가 많든 적든, 홀든의 자서는 여자인 내가 봤을 때 정말 신사적이고 선비답다. 내 딸을, 그리고 이제 나이 들었으나 아직도 여자인 나를, 이런 시선으로 보고 이런 자세로 대하는 남자가 있다면 어찌 사랑을 주저하겠는가. 세상의 모든 남자가 이 책을 읽고 여자를 대하는 바른 자세를 배우기를 간절히 바라면서도, 한편 이 책이 세상에 나온 지 70년이 넘고 초대박 베스트셀러가 되었는데도 별로 변한 게 없어 보이긴 하지만. 그래도 소망을 내려놓지 않겠다.

✢

홀든은 뉴욕의 한 거리를 서성이던 일요일 오후, 교회에 다녀오는 듯한 가난한 가족, 아빠 엄마 옆에서 길을 걸으며 노래를 흥얼거리는 아이와 그 아이의 존재를 잊은 듯 둘의 대화에 빠진 부부의 평범한 모습을 아름답게 바라본다. 이때 아이가 흥얼거리는 노래가 〈호밀밭을 걸어오는 누군가와 만난다면〉이라니, 이 장면에서 홀든이 무엇을 느꼈는지 미루어 짐작할 수 있다. 서로의 대화에 빠진 부모 아래에서 아이가 느꼈을 안정, 행복, 발장난을 하면서 노래를 부르는 세상 걱정 없는 동심. 이런 아침, 이 노래를 흥얼거리는 아이의 동심, 자기도 한때 가졌을 그 동심을 지켜주고 싶었을 것이다.

자신에게 친구가 되어 줄 사람 하나 없는 그 큰 도시 뉴욕에서 사람을 찾아 사흘 밤낮을 헤매다가 모두에게 퇴짜를 맞거나 실망하고 마지막으로 예전에 다니던 학교 선생님이자 부모님이 깊이 신뢰하고 지금도 홀든의 일을 의논하는 앤톨리니 선생님을 찾아가게 된다. 그가 바로 문제의 그 선생님이다. 남자의 이중성에 분노를 가진 홀든에게 존경하는 선생님이 마지막이자 결정적인 쐐기를 박는 사건이다.

홀든은 공황 상태에 빠지고 아는 이 없는 곳으로 가서 말 못하고 귀 먼 벙어리로 살고자 마음을 먹는다. 세상과 단절을 마음먹은 것이다. 떠나기 전에 여동생 얼굴만 보고 가려고 했는데, 오빠가 아예 떠나려고 한다는 것을 눈치챈 여동생은 짐을 싸 들고 따라나선다. 나라도 그러겠다. 오빠 없는 세상을 오빠 있던 여동생이 어찌 산다는 말인가. 여동생을 이리저리 달래보다가 결국 모든 것을 포기하고 함께 집으로 돌아가는 것으로 이야기는 끝난다. 여동생의 호밀밭의 파수꾼이 되기로 한 것이다. 떠나고 싶은 이 세상에 동생의 호밀밭이 있었기에.

자기가 속한 세상에 도저히 융화될 수 없는 자가 느끼는 철저한 외로움. 왜 홀든은 이토록 자신을 고립시키는가? 적당한 선에서 타협하고 적당히 경멸하며, 적당히 맞춰가며 살 수도 있는데. 숱한 사람들이 그렇게 살고 있지 않은가. 한 작품의 주인공이란, 헤르만 헤세식의 표현을 빌리자면 '자기만의 신화를 쓰는 주인공'이란 그렇게 살지 못하는 운명이다. 그렇게 살아서는 인생의 주인공이 되지 못한다. 자기 인생인데도 말이다. 적당히 선을 오가며 이쪽저쪽 구분 없이 살다 보면 내 안에 타인이, 그것도 정체 모를 타인들이 여럿 들어앉기 마련이다. 오로지 나만

1부 세상의 틀 밖으로

의 삶을 살아야 하는, 주인공이 될 인물들은 결코 자신에게 거짓을 행할 수 없고 자신을 스스로 기만할 수 없다.

그 대가가 고독이라면, 외로움이라면 기꺼이 받아들여야겠지만, 좋은 사람과의 진지한 대화에서 오는 기쁨을 포기할 수 없으니 찾아 헤매는 것은 당연하다. 여러 번 실패하고 어쩌다 한 번 성공한다 해도 대가를 치르고 누릴 것을 누리면서 갈 힘은 어디에서 오는 것일까?

나는 이 고민을 하면서 생각지도 못하게 '왜 사람들이 책을 읽어야 하는지' 이유를 발견했다. 내가 속한 제한적이고 경직된 사회 속에서 기존의 관습과 통념, 사고를 비판할 수 있는 시각과 이를 뛰어넘을 힘이 독서를 통해 길러지기 때문이다. 홀든도, 그와 마음이 통했던 유일한 친구이자 연인이었던 제인 갤러허도 지독한 독서광들이었다. 계속해서 다른 작품들을 통해 보겠지만 세계문학의 반열에 올라와 있는 작품의 주인공들은 책과 글에 빠진 사람들이 대부분이다. 흐름을 거스르고 거부할 힘, 자기만의 힘을 찾아낼 수 있는 용기를 자기도 모르게 배우는 도장이 독서인가 보다.

'외로운 이들이여. 당신의 외로움은 어디에서 오는가?'

모두가 당연히 따르는 흐름을 도저히 타지 못하는 데서 온다면 실망하지 마시길. 당신은 지금 인생의 주인공이 되는 중이다. 비록 비극일 수 있다 해도, 자기 인생의 조연으로 살다가 막이 내리는 것보다 낫지 않겠는가. 비극도 남이 보기에 비극일 뿐, 자기가 주인공인 한, 누가 함부로 남의 인생을 놓고 비극이라고 평할 수 있단 말인가.

The man who read

2부

운명의 갈림길에서

프랜시스 스콧 피츠제럴드
F. Scott Fitzgerald, 1896–1940

위대한 개츠비
The Great Gatsby

The man who read

✢

  이 소설을 몇 번이나 읽었을까? 개츠비가 위대하다니 무슨 위인전기쯤 되는 줄 알고 그의 '위대성'을 찾아 헤맨 나의 백해무익했던 독서 여정이여! 하나도 어려울 것 없는 소설임에도 왜 개츠비를 위대하다고 하는지 단 한 번도 속 시원하게 이해하지 못했던 나는 전래동화식 권선징악 구조를 벗어나는 데 아주 오랜 시간이 걸렸다. 이제야 그의 이름 앞에 붙은 형용사의 의미를 알게 되었으니, 나의 질긴 아둔함에 질리기도 하고 더 질긴 탐구심에 나 홀로 박수.

  작품을 읽고 이해하는 나의 시각 세포와 뇌세포에 무슨 일이 생겼을까? 나의 칠흑 같은 밤에 갑자기 전기는 왜 들어왔을까? 쩍쩍 갈라진 나의 대지 위에 왜 갑자기 비가 내렸을까? 닫히다 못해 막힌 것 같던 나의 숨구멍에 왜 갑자기 균열이 생겼을까?

  이유는 아직도 모르겠다. 그 긴 시간이 걸린 이유도 모르겠고, 갑자기 열린 이유도 모르겠다. 다만 어느 날 갑자기 문자 예술의 참모습이 다 보이기 시작했다. 온몸의 세포가 모두 독서 세포가 된 것 같은 나는 세계문학에 푹 빠져서 이 예술의 위대함과 방대함에 놀라 뒤늦게 호들갑을 떨고 있다.

나는 영화도 매우 좋아한다. 시네마 키즈라 해도 손색이 없을 정도로 어렸을 때부터 영화 감상을 즐겼는데 그건 순전히 영화광인 우리 엄마 덕분이다. 엄마는 꼭 나를 불러서 같이 영화를 보자고 했는데 지금 생각하면 키스 신 심지어 겁탈 신이 있어도, 본인의 감상에 빠져서 옆에 앉은 예닐곱 살 먹은 나는 신경도 쓰지 않았다. 하긴, 그때는 나라가 나서서 검열을 다 해주던 시절이긴 했다.

안방에 앉아서 영화 감상을 시작해서 그런지 영화를 좋아하는 것에 비해서 감상한 영화의 폭이 그리 넓지 않은 이유는 내가 영화관에 가는 것을 좋아하지 않아서다. 비디오테이프를 빌려다 보는 것도 별로 안 좋아했다. 왠지 마음이 불편했다. 제대로 된 나만의 취미생활을 위해서는 우선 혼자여야 하는데 도저히 그럴 수가 없는 삶이었다.

한데, 나의 아이들이 고맙게도 기저귀 찼을 때부터 만화영화 보는 걸 좋아해서 나도 그 옆에서 두 다리 뻗고 마음 편하게 디즈니와 지브리, 그리고 TV에서 보여주는 온갖 어린이 만화를 다 봤다. 얼마나 재밌던지. 원 없이 봤다. 게다가 요즘은 OTT

세상이 아니던가. 지금은 나 혼자 침대에 길게 누워서 보고 싶은 영화를 실컷 본다. 옛날에 못 본 걸 다 보는 중이다. 못 본 영화가 부지기수라 이렇게 좋을 수가 없다. 드라마도 대부분 못 본 것들이라 노트북 화면에서 눈을 뗄 줄 모른다.

✤

이 많고 많은 극 중에서 소설을 영화로 만들었다는 정보가 뜨면 절대 지나치지 않는다. 예전에 영화를 자주 못 보던 시절에도 이런 영화는 꼭 찾아봤다. 그 시대의 분위기가 좋고 100여 년 뒤인 나의 시대보다 훨씬 더 개방적으로 보이는 남녀의 사고와 선택이 좋아 보였다. 그런 영화들을 보고 나면 눈과 귀가 호강하지만, 한쪽에서는 늘 의문이 일었다.

'이 정도 이야기에 오랜 세월 수많은 사람이 열광하고 있다고?'

명작 소설일수록 영화로 만들어진 작품이 많은데 영화라는 장르의 특성상 서사 중심일 수밖에 없다. 줄거리만 따서 영화를 만들다 보니 원조을 아동용이나 청소년용으로 축약한 상태와 비슷하다.

등장인물 간의 관계와 갈등을 통하여 인간의 보편적 내면을 심층적으로 다각화하여 정밀하게, 세밀하게, 날카롭게 파헤쳐, 독자로 하여금 '나'의 그때 그 기분이 바로 이것이었구나, 이렇게 서술되는 것이구나, 나의 그 감정, 슬픔, 절망, 고독, 외로움, 좌절이 나만 그런 게 아니구나, 내가 못나서 그런 게 아니었구나!' 깨닫고 안심하고 위로하는 문장들이 바로 한 편의 소설을 명작의 반열에 올려놓는 것 아니겠는가.

　이러한 정교한 내면 묘사가 대부분을 차지하는 명작 소설을 영화로 만들면, 이 중요한 부분들을 대부분 배우의 눈빛으로 녹여내고 짧은 대사와 행동으로 보여줘야 한다. 한 바가지 물로 깊디깊은 샘을 무슨 수로 연상하겠느냐 말이다. 그래서 나 같은 관객은 실망하기 일쑤다. 예를 들어, 영화〈안나 카레리나〉는 '아름다운 유부녀의 불륜 이야기'라는 틀을 못 벗어나지만, 그것은 톨스토이가 글로 펼치는 사랑과 결혼을 대하는 남녀 세 쌍의 이야기 가운데 하나일 뿐이고, 그들의 캐릭터가 살아있고 각각의 내면 묘사가 뛰어나서 내면은 다양하고, 현실적이면서도 누구라도 나의 이야기, 내 친구의 이야기라며 흥미롭게 따라갈 수 있다.

　각각의 인물들을 매우 깊이 있게 다뤄서 사랑에 대하여, 결혼에 대하여, 나의 연인과 배우자로서 어떤가에 대하여 심도 있는 투영과 반추를 가능하게 도와준다. 따라서 이런 영화일수록 원작 소설을 먼저 읽은 다음 영화를 봐야, 감독의 원작 이해와 그에 따른 영화적 재구성, 부각하고 싶은 부분들을 온전히 감상할 수 있다.

　내가 눈뜬장님 신세로 책을 읽던 시절,《위대한 개츠비》가 영화화되었다기에 개안의 희망을 안고 봤다. 작품 이해의 도움을 기대하며 대사 하나도 허투루 흘리지 않고, 눈빛 하나도 놓치지 않고, 자세히 봤다. 그러나 왜 개츠비가 위대한지 알아내지도 못했거니와 영화로 보니 그의 허무한 인생이 너무 강조되어서 오히려 짜증이 났다.

'개츠비를 놀리려고 붙인 제목인가?'

이쯤 되면 무덤에 누워 있는 작가를 불러 내야 할 판이었다. 도대체 개츠비가 어디가 위대하고 왜 위대하다는 것인가!

개츠비의 위대성에 동의와 이해가 끝난 지금, 독자들의 이해를 돕기 위한 나만의 작업인 제목 바꾸기와 부제 붙이기를 또 해본다면 다음과 같다.

'순정남 개츠비, 사랑꾼 개츠비, 사랑밖엔 난 몰라.'

바꿔놓고 보니 이것으로는 개츠비를 설명하기 부족하다는 느낌이 확 온다. 그러면 이제 작가가 왜 군이 '위대한'이라는 형용사를 붙였는지 알아보자.

✤

이 책도 첫 장에 작품 이해의 열쇠가 다 숨어 있다. 작품을 이해할 렌즈의 조절기가 첫 장에 있어서 렌즈의 초점을 정확하게 맞추고 읽기 시작하면 크게 난해한 부분 없이 읽어 내려갈 수 있다. 초점을 조절했으면 책장을 덮을 때까지 렌즈를 잃어버리지 말고 읽어가야 중간에 오해의 바다에 빠지지 않는다.

이 책의 주인공은 개츠비지만, 또 다른 주인공이 있다. 바로 화자인 '닉 캐러웨이'이다. 앞서 강조해 왔듯이 화자의 중요성을 간과해서는 안 된다. '화자'가 바로 '렌즈'이기 때문이다. 화자가 보는 대로 봐야 한다. 그러므로 화자의 캐릭터 이해가 전제되어야 주인공과 작품 전체의 이해가 가능하다.

내가 아직 젊고 남의 말에 곧잘 발끈하던 시절, 아버지께서는 나에게 한 가지 충고를 해주셨는데, 그 후로 나는 그 충고를 마음속으로 되새기곤 하였다. 아버지께서는, "남의 잘잘못을 따지고 싶을 때는 언제든지 이 세상 사람 누구도 네가 누리고 있는 특권을 누리고 있지 못하다는 것을 잊어서는 안 된다" 하고 말씀하셨다. 아버지께서는 이렇듯 간단하게 말씀하셨지만, 우리는 말 없는 가운데서도 이상하게 마음이 잘 통했으므로 나는 아버지의 그 충고 속에는 더욱더 큰 뜻이 내포되어 있다는 것을 알아차렸다.

《위대한 개츠비》의 첫 문단이다. 닉 캐러웨이가 어떤 집안에서 성장했는지 알 수 있다. 이 문단에서 가장 중요한 단어는 무엇일까?

맞다. 특권이다. 그것도 '타고난' 특권. 획득한 특권이 아니라 타고난 특권이다. 타고난 특권을 가진 자들의 세계와 특권을 획득하려는 자들의 세계가 부딪히는 중에, 각 세계의 전형성에 함몰되지 않고 인간성과 순수성을 가진 인물이 닉 캐러웨이와 제이 개츠비이다. 닉 캐러웨이가 있었기에 제이 개츠비가 '위대한'이라는 형용사를 달고 책 제목으로 부활할 수 있었다.

이 작품은 이 두 남자의 이야기라고 해도 좋다. 이들이 만난 시간은 겨우 여름 한 철이었지만, 한 인간이 또 다른 한 인간을 제대로 이해하고, 서로에게 보여주는 인간다움, 그 희박한 아름다움에 관한 이야기이다.

✣

영화 〈위대한 개츠비〉와 비교하여 설명하는 게 독자들의 이해를 돕는 데 도움이 될 것 같다. 영화에서는 개츠비와 '데이지'라는 여자의 사랑이 이야기의 축을 이룬다. 이들은 현재 5년 간에 재회했다. 개츠비는 1차 세계대전 중 미군 중위 신분으로 데이지를 만나 사랑하고 결혼을 약속했지만, 다시 전장으로 나가야 했다. 데이지는 그를 기다리다가 지쳐, 3년 전에 다른 남자와 결혼했고 현재 아이가 있다.

5년 만에 다시 만난 옛 연인, 개츠비는 모든 것을 원래대로 돌려놓으려고 하고, 데이지는 그것을 따라가기 벅차서 또다시 흔들리는 와중에 사고가 생긴다. 데이지는 개츠비를 배신하고 그 결과로 개츠비가 살해당하면서 영화는 끝난다. 물론 이 작품을 완전히 이해한 사람들에게만 보이는 암시와 복선이 있다. 그러나 이 영화만으로는 개츠비의 위대성을 깨우치기엔 한참 모자란다.

등장인물이 몇 안 되는 소설이다. 독자는 화자인 닉 캐러웨이의 서술을 통해 각 인물의 성격을 알게 되는데, 우선 데이지 부부부터 살펴보자. 이들은 타고난 특권층 사람이다. 게다가 데이지는 동네에서 알아주는 미인이다. 책에는 자주 그녀의 목소리가 언급되는데, 넋이 나갈 정도로 아름다운 외모보다 한층 더 매력적인 목소리를 가졌다고 한다. 당시 미국은 계급사회가 아니었지만 데이지는 보이지 않게 존재하는 계급 가운데 최상위에 속하는 집안의 여자였다.

그녀의 남편인 톰 뷰캐넌. 나는 디즈니 만화영화 〈미녀와 야수〉에 나오는 벨을 쫓아다니는 남자, 사냥꾼 '개스톤'이 연상됐다. 성격이며 몸집, 하는 짓이 아주 비슷하다. 나이 스물에 운동으로 인생의 정점을 찍었으며, 닉과 예일대 동기동창인데 돈이 많아도 너무 많은 티를 거침없이 내서 대학 때부터 재수 덩어리였다. 데이지와 뻑적지근하게 결혼식을 올리고 곧바로 바람을 피우기 시작해서 지금까지 이어지고 있다. 대놓고 바람을 피우는데, 데이지는 의심과 불안의 단계를 지나 현재는 냉소와 회의에 빠져 자존감이 바닥이다. 그런 데이지가 딸을 낳고 이런 말을 한다.

여자애라 기쁘다. 저 애는 바보가 돼주었으면 좋겠다. 그게 이 세상에서 여자가 될 수 있는 최상의 것이니까. 예쁘고 귀여운 바보가 되는 것.

데이지가 어떤 상태인지 보여주는 대사이다. 뭐 하나 부러운 것 없는 집안의 딸이었던 데이지가 겨우 결혼 2, 3년 차에 이런 소리를 한다.

데이지도 속사정이 없지는 않다. 그녀는 결혼식 전날 저녁에서야 그렇게 기다리던 개츠비의 편지를 받고, 이 결혼 안 할 거라고, 다 없었던 일로 해야 한다고 통곡하지만 해프닝으로 끝나고 결국 결혼식은 치러진다. 어쨌거나 그녀는 가문 좋고 돈 많은 톰 뷰캐넌을 남편으로 받아들였다. 그리하여 돈 쓸 일만 가득한 소비와 향락의 세계 깊숙이 들어가 버렸다.

그렇다면 날 때부터 특권층이었던 데이지가 아무것도 없는 개츠비를 어떻게 사랑할 수 있었을까? 개츠비가 제복으로 모든 것을 가리고 있었기에 가능했다. 개츠비는 이것을 너무나 잘 알고 있었다. 그래서 데이지가 개츠비에게 빠졌던 상태, 데이지가 마음대로 상상했던 개츠비, 자기와 비슷한 계층의 사람이라 단정했던 바로 그런 사람이 되기 위해 그는 모든 것을 불사했다.

전쟁이 일어나던 시기인 데다 검은돈(밀주 유통)의 흐름을 잡았던 까닭에 무일푼이었던 개츠비는 3, 4년 만에 거부가 되어 나타난다. 여기에서 잠깐, 개츠비가 불법을 등에 업고 돈을 벌어들였지만, 그가 원래부터 사기꾼 기질이 다분한 음흉한 인물은 아니다. 전쟁이 끝나고 고국으로 돌아온 개츠비는 자기가 무엇을 해야 하는지 목표가 뚜렷했다. 목표 지점에 도달하기 위해 불법을 행하기로 선택했던 순간, 그는 자신의 인생이 어떤 방향으로 갈 수 있는지 충분히 알았고 기꺼이 감수했다. 이 순간이 항상 희망을 품고 자신을 채찍질하며 최선을 다해 걸어왔던 바른 사나이가 자기 인생을 송두리째 던져버린 지점이다.

  부자가 된 개츠비는 데이지가 사는 집 건너편에 (만, 즉 좁다란 바다를 사이에 두고) 성과 같은 집을 짓고 매일 파티를 연다. 입장권도 초대권도 없는 불야성 파티 소문이 데이지 귀까지 들어가 언젠가 그녀가 찾아오기를 기다리는 거다. 매일 파티에 몰려드는 사람들이 집주인 개츠비에 대한 유언비어를 퍼트려도 그는 눈썹 하나 까딱하지 않는다. 그는 오직 한 사람만 기다리고 있었고, 그 사람만 나타나면 모든 쇼는 막을 내릴 것이었기에. 사람들은 화려하게 잘 차려입고 고급 차를 타고 와서 당당하게 파티를 즐긴다. 이 파티는 총체적으로 화려하나 혼란스럽고, 풍요로우나 질펀하고, 웃음은 자주 광란으로 치달았다. 그들은 데이지의 눈에 다음과 같이 비친다.

그 외에는 모든 것이 그녀의 비위에 맞지 않았다. 그 외에 모든 것들은 몸짓이 아니라 감정이었기 때문이다. 그녀는 브로드웨이가 롱아일랜드 어촌에 퍼질러 놓은 이 전례 없는 장소인 웨스트에그에 경악했고, 점잖은 척 예의를 지켜서 하는 말로도 가려지지 않는 그 무지막지한 활기에 질겁했고, 뭔가를 이루어 보겠다고 지름길을 찾아 내달려도 결국은 무에서 무로 끝나고 말 그 거주자들의 너무나 한심한 팔자에 질겁했다. 그녀는 자신이 이해하지 못한 바로 그 단순함 자체에서 뭔가 끔찍한 것을 보았다.

이게 무슨 말일까? 이는 특권을 획득하기 위해, 그 가능성을 찾기 위해 애쓰는 사람들을 보고 데이지가 느낀 환멸이다. 데이지가 이제까지 만났던 사람들의 색깔과 너무 달랐던 것이다.

❖

자, 이제 개츠비, 우리의 주인공을 한 번 살펴보자.

본명, 제임스 개츠. 고향은 노스다코타. 부모님은 농부, 그 중에서도 가난하고 무능한 농부. 노스다코타는 미국 중북부로 캐나다와 국경을 나눠 가진 주다. 지금처럼 농기계가 발달하고 난방시설이 좋은 시절에도 캐나다는 이 동네로 가서 살면 집도 주고 영주권도 준다고 세계인들을 꾀지만 여간해선 잘 안 간다. 사는 게 춥고 힘드니까. 그 바로 밑에 있는 미국 동네가 노스다코타이다. 심지어 지금부터 100년 전 이 동네의 가난한 농부는 사는 게 얼마나 힘들었을까. 개츠비는 그런 집 아들로 태어났다.

그런데 이 청년, 생각이 좀 남다르다. 자신의 운명을 보이는 대로 받아들이지 않는다. 오히려 거부하며 자랐다. 호연지기가 있었다고 할까. 소년에 불과했던 그가 스스로 세운 계획과 약속을 메모한 게 있다.

기상	오전 6시
아령 체조와 담 기어오르기	오전 6:15 ~ 6:30
전기학 및 기타 공부	오전 7:15 ~ 8:45
작업	오전 8:30 ~ 오후 4:30
야구 및 운동	오후 4:30 ~ 5:00
웅변 연습, 몸의 균형 잡기와 그 달성법	오후 5:00 ~ 6:00
발명에 필요한 공부	오후 7:00 ~ 9:00

일반적 결심

- 샤프터즈 또는 ○○ (이름을 알아볼 수 없었다)에서 시간 낭비하지 말 것
- 이제부터 금연하고 껌을 씹지 말 것
- 하루걸러 목욕할 것
- 매주 도움을 주는 책이나 잡지 한 권씩을 읽을 것
- 매주 5달러(지워져 있었다) 3달러씩 저축할 것
- 부모님께 더 잘해 드릴 것

이 건전함이란! 어떤 희망도 가능성도 없는 환경에서도 제임스 개츠(개츠비)는 좀 다르게 살고 싶은 꿈이 있었다. 누가 일러주지 않아도 스스로 힘으로 자신의 인생을 일구려던 소년이었다. 혼자 뭘 얼마나 바꿀 수 있었겠는가. 한계는 얼마나 빨리 드러났겠는가. 다가설 수 있는 곳이 얼마나 없었겠는가. 그러나 이 소년은 실망하지 않았다.

닉 캐러웨이는 개츠비에 관한 이야기를 시작하기 전에 그에 대한 자신의 총평을 먼저 말한다.

삶이 지닌 희망에 대한 특출한 예민성을 가진 남자. 희망에 대한 특출한 재능을 타고난 사람. 지금까지 한 번도 본 적 없고 앞으로도 절대 찾아보게 될 것 같지 않은 그런 낭만적 반응성을 타고난 사람.

사람들의 편견 속에 개츠비는 욕망으로 가득 찬 사람으로 인식되어 있으나 개츠비를 가장 가까이에서 지켜보고 그의 이야기를 직접 들은 닉 캐러웨이에게는 그가 욕망이 아닌 희망으로 가득 찬 사람으로 보였다.

자기 자신을 함부로 대하지 않고, 막일하며 입에 풀칠할지언정 세상이 자신을 함부로 대하는 것을 참지 않고 열일곱 인생을 산 제임스 개츠. 드디어 그를 알아봐 주는 사람이 나타났다.

곤경에 처한 억만장자에게 내민 친절이 가져온 기회였다. 자신의 생명을 구해준 젊은이의 겉과 속을 꿰뚫어 본 억만장자, 댄 코디는 그 자리에서 개츠비에게 자신과 함께 떠날 것을 청한다. 소년은 이 부자의 청을 받아들이면서 이름을 '제이 개츠비'로 바꿔버린다. 언젠가 또 다른 운명이 자신을 찾아오게 될 때를 위해 미리 준비해 두었던 이름으로.

개츠비는 5년 동안 댄 코디와 함께 다니며 자기가 동경하던 세상의 모든 것을 보고 듣고 배운다. 이 관계를 발판으로 인생이 도약할 뻔했지만, 댄의 죽음과 함께 모든 것이 수포로 돌아가고, 그에게 남은 건 백만장자의 수행비서이자 친구로 지내는 동안 가능성과 자신감으로 채워진 자신뿐이었다.

✢

제1차 세계대전은 개츠비에게 찾아온 두 번째 기회였다. 군복을 입은 동안에는 인생이 공평하게 리셋되었다. 육군 장교가 된 개츠비는 바로 이 무렵, 상류층 여자인 데이지를 만난다. 억만장자로부터 다년간 개인 교습을 받은 사람이 장교의 옷까지 입었으니, 그에게서 노스다코타의 흙냄새가 날 리 없었다. 데이지는 그가 자기와 같은 계층의 사람임을 믿어 의심치 않았다. 다시 유럽 전선으로 떠나야 하는 개츠비를 전송하기 위해 뉴욕으로 가려고 할 때 데이지를 막아서는 가족들도 개츠비의 출신을 알아서가 아니라 과년한 딸이 남자를 따라 멀리 여행을 떠난다는 사실에 아연실색한 것이리라.

다시 전쟁터로 떠난 개츠비는 혁혁한 공을 세우고, 전쟁이 끝나고 소령으로 제대 후, 나라에서 포상으로 준 영국 옥스퍼드 대학 6개월짜리 유학까지 억지로 다 끝내고 겨우 귀국한다.

그러나 데이지는 이미 다른 남자와 결혼한 후였다.

이 작품에서는 유난히 집에 관한 묘사가 많다. 특히 영화 오프닝에 등장하는 개츠비의 저택, 그리고 바다 건너 맞은편에 있는 뷰캐넌 부부의 저택. 마치 해리 포터가 마술 지팡이 찾는 장면처럼 이게 최고구나 싶으면 저기 더 좋은 게 있고, 저거보다 더 좋은 건 없겠구나 싶은데, 더 기가 막힌 게 있는 것처럼, 이 두 저택을 묘사하는 대목마다 집이 이렇게 좋을 수 있을까 싶다.

삶에 대한 희망으로 가득 차 있던 청년 개츠비가 모든 꿈과 야망을 버리고 오직 사랑하는 데이지에게 모든 것을 걸었던 데에는 그녀가 사는 집, 즉 데이지가 나고 자란 그 집에 먼저 반해버린 이유가 크다. 사람이 사는 집이 이토록 훌륭하고 아름다울 수 있다는 사실에 개츠비는 매우 충격을 받고 그 집에 사는 데이지라는 아름다운 여인에게 끌린 것이다. 세월이 흘러 데이지와 다시 만난 개츠비는 어서 남편과 이혼하고 바로 그 집으로 가서 우리가 하려고 했던 결혼식을 하자고 말한다. 개츠비는 데이지의 집과 그 집에 사는 여자가 자신을 사랑했다는 사실, 그리고 그 자신이 어떤 사람이어야 하는지 잊지 않고 있었다.

바람피우는 남편을 둔 데이지 앞에 모든 것을 자신에게 건 개츠비가 나타났고, 이들은 예전의 사랑으로 돌아가 새로운 출발을 약속했지만, 이것이 이루어질 수 없었던 이유는 너무나 분명했다.

개츠비는 데이지가 경멸했던 바로 그 부류였다. 특권을 얻으려 기를 쓰고 올라오려고 하지만 결국엔 저 아래 어디선가에서 멈출 것이 뻔한 부류의 사람이었음을 타고난 특권층 여자 데이지가 알아버린 것이다. 그녀는 이제까지 개츠비에 관해 오해하고 있었고, 그의 실상은 자신의 환경과 너무나 거리가 멀었다.

바로 문제의 교통사고가 일어난 날, 찌는 듯 더운 여름 한낮을 호텔에서 보내려고 모인 사람들 —톰, 데이지, 닉, 개츠비, 닉의 연인— 앞에서 톰이 개츠비의 신상을 다 털어버린다. 사실을 알고 빠른 속도로 식어가는 데이지, 이 사실을 눈치챈 톰, 모든 것을 지켜보고 있는 닉, 아무것도 모르고 오직 데이지의 괴로움만 마음 아픈 개츠비. 데이지가 무엇을 사랑하는 여자인지 개츠비는 정확하게 알고 있었다. 그래서 '그 무엇'이 되고자 했다. 그러나 데이지가 특권 계층의 여자로서 어디까지 갈 수 있는지는 알지 못했던 개츠비는 그녀의 배신으로 죽음을 맞는다.

배신의 모의가 이루어지는 집 밖에서 이런 사실을 알지 못한 채 끝까지 데이지를 코호하고 걱정하고 지켜주려는 개츠비였다.

교양 있는 가정 교육과 명문 대학에서 받은 사회 교육의 좋은 표본이 되는 캐러웨이에게 옆집 대저택 주인, 개츠비가 친근하게 다가오며 비슷한 교양인이자 지식인이라고 무게를 잡으며 자신을 소개하지만, 그가 무심결에 내뱉는 말과 행동은 너무나 뜬금없고 난데없어서 미국 상류층의 전형인 닉의 눈에는 매번 어처구니가 없었다. '지금 웃기려고 이러는 건가?' 생각할 정도로. 그런데도 개츠비의 그런 모습을 발견할 때마다 닉은 말없이 웃으며 모르는 척 넘긴다. 이것은 타인을 대하는 캐러웨이의 태도였다. 어린 시절 들은 아버지의 충고를 따라 타인에 관한 판단을 유보한 닉은 개츠비의 솔직한 모습에 호감을 느낀다.

닉을 화자로 한 1인칭 관찰자 시점의 서술이지만, 닉이 얼마나 진실한 사람인지 마치 전지적 존재가 되어 이 소설에 들어가 있는 듯한 기분이 든다. 사람들은 경계 없이 닉을 대한다. 모두가 그에게 자기의 이야기를 털어놓는다. 왜? 판단을 유보하는 사람이라는 것을 직감으로 아니까. 그래서 닉은 모든 것을 보고 들을 수 있었다. 영혼을 돈과 환락에 팔아버린 듯한 세상에 완벽한 외양을 갖춘 한 남자가 때때로 출신이 의심스러운 언행을 해도, 소년처럼 당황하고 어색해도, 속마음을 얼굴에 다 드러내도 우쭐하고 환희에 넘치는 모습까지 세심하게 지켜본다.

어떠한 상황에서도 희망의 닻을 내리지 않고 최선을 다해서 살아온 한 남자가 한 여자에게 인생을 던질 때, 그것을 무모함이라고 싸잡아 비웃지 않는다. 그의 거짓 없음, 그의 진심, 그의 순수, 그의 열정, 그가 이렇게밖에 할 수 없음을 인정해 준다. 이렇게 개츠비를 알아봐 준 단 한 사람이 닉 캐러웨이였다.

✢

데이지가 실수로 낸 교통사고가 오해에 음모를, 음모에 공모를, 공모에 배신을, 배신에 잠적을 더해가는 사이 개츠비는 오해의 총알에 쓰러진다. 개츠비의 죽음은 한시라도 빨리 그와 손절하려는 이들의 부산함을 불러왔고, 그의 장례식은 사랑하는 여자마저 외면했다.

오직 희망 하나를 바라보며 삶을 헤쳐왔던 인물이 희망 대신 사랑을 잡으며 삶에 함몰되는 이 쓸쓸한 죽음을 닉은 너무나 가슴 아파한다. 이 모든 일을 겪고 동부의 생활에 환멸을 겪은 닉은 고향으로 돌아간다. 이런 감상을 남기면서.

세상 사람들이 제복 차림으로 도덕적 차려 자세를 하는 분위기가 영구적으로 잡혀있기를 바랐다. 나는 더는 설레발치며 특혜받은 자의 입장에서 인간의 심성을 재단하고 싶은 마음이 없었다.

닉 역시 책을 좋아하고 글쓰기에 재주가 있는 사람으로 자신을 소개했던 것처럼, 고향으로 돌아가 개츠비의 이야기를 쓰고 있는 것으로 작품은 끝이 난다.

홀든 콜빌드와 닉 캐러웨이도 여자보다 여자를 더 잘 알고, 여자보다 여자를 더 위한다. 여자가 배워야 하는 여자의 진정한 모습을 이들 남성이 제시하고 있다. 닉 캐러웨이가 점잖은 방식으로 비판하는 남성의 유형을 약 30년 뒤 다른 작품 속에서 홀든 콜필드는 매우 노골적인 방식으로 비판하고 있으며, 그런 남성이 속한 집단은 더욱 확대되어서 사립고등학교 학생이었던 홀든을 지치게 했다. 호밀밭의 파수꾼 속 여성들도 조금의 개선도 없었던 것으로 보이고, 더욱 노골적이고 더욱 확대된 모습의 데이지들이 곳곳에 나온다.

사랑 노래는 넘쳐나지만, 사랑의 끝은 구섭기만 한 시대다. 사랑이라고 이름을 지어줬지만, 사실은 욕망은 아닌지, 탐욕은 아닌지 솔직해질 때가 왔다. 사랑이라는 이름으로 상처받고 견디기에 우리 마음은 생각보다 훨씬 연약하다.

성숙한 남자 닉 캐러웨이와 순수한 남자 제이 개츠비, 각각의 사랑 이야기와 그들이 주고받는 대화를 읽어가면서, 또한 화자인 닉의 회고를 읽으면서 이 조화로운 구즈와 미려한 문장, 그리고 참 인간다운 인물을 보면서 이리저리 지친 나의 마음이 치료받는 기분이었다. 스콧 피츠제럴드는 참 바람직한 남성상을 제시한다. 우리는 'great'라는 형용사를 곧이곧대로 '위대한'으로 해석하여 제목에 그대로 붙여버려서 독자들이 그간 좀 헷갈린 것 같은데, 글쎄, 요즘 정서로 한번 바꿔보자면, 닉이 엄지 하나를 척 올리며 '개츠비, 자식, 너 좀 멋진 듯!' 혹은 '너 꽤 괜찮은 듯!' 정도의 찬사, 그러나 절대 흔하지 않은 칭찬이 아닐까 싶다. 나는 이 작품을 '좋았던 처음에 대한 노스탤지어'로 이해한다. 닉의 회상 장면이다.

내 머릿속에 떠오르는 가장 생생한 기억 중의 하나는 예비학교에서, 그리고 후에는 대학에서 크리스마스 때 서부로 돌아가던 때의 일이다. 시카고보다 더 멀리 가는 사람들은 12월의 어느 날 저녁 6시에 오래되고 침침한 유니언 역에 모여 벌써부터 그들대로의 크리스마스 휴일의 여러 가지 즐거움에 마음이 쏠려 있는 몇몇 시카고 친구들과 황급히 작별 인사를 하곤 했다.
누구누구네 집에서 돌아오던 아가씨들의 모피 외투들, 얼어붙은 입김 속의 잡담들, 옛 친지를 발견하고 머리 위로 흔들던 손들, 그리고 '오드웨이 댁에 갈까? 허시 댁에? 슐츠 댁에?' 하면서 초대에 같이 갈 사람을 모으던 사람들, 또한 장갑 낀 우리의 손아귀에 꼭 쥐여 있던 길쭉한 녹색 차표들이 내 기억 속에 떠오른다. 그리고 마지막으로 시카고, 밀워키, 세인트펄 철도의 칙칙한 노란색 객차가 출입구 곁의 철길 위에서 마치 그 자체가 크리스마스인 것처럼 즐거워 보이던 일이 생각난다.

기차가 겨울밤 속으로 미끄러져 나가고 진짜 눈, 우리의 눈이 우리들 옆을 한없이 뻗쳐 나가면서 차창에 부딪혀 반짝반짝 빛나기 시작하며, 조그마한 위스컨신 역들의 희미한 불빛들이 지나가면 갑자기 공기 속에 예리하고 거친 겂쇠가 나타났다. 우리는 저녁식사를 마치고 싸늘한 차내 통로를 지나 좌석으로 돌아오면서 그 공기를 깊이 들이마셨다. 그때 우리는 이 생소한 곳에서 1시간쯤 자신의 진정한 모습에 대해 말로 표현은 못하나 의식하고 그 공기 속으로 또다시 분간 못 할 만큼 녹아 들어갔다.

한 번 읽고 나면 절대 잊히지 않는 장면이다. 닉에게 가장 좋았던 그 처음은 이때였나보다. 개츠비의 비참한 장례를 치르고 처음 꺼내는 대목이다. 개츠비에게 가장 좋았던 그 처음은 언제였을까. 물론 데이지와 사랑을 나누었던 그 시절이다. 데이지가 어떤 여자인지 잘 알았으나 개츠비가 결코 그녀를 포기할 수 없었던 건 자기의 좋았던 그 처음에 그녀가 있었기 때문이 아닐까.

이 작품 등장인물들은 좋았던 처음을 가졌던 사람과 그렇지 못한 사람으로 나뉜다. 전자에는 물론 개츠비와 닉, 그리고 개츠비를 총으로 쏜 자, 윌슨이 들어간다. 나머지 인물들은 좋았던 처음을 가져보지 못한 자들이다. 어디에 닻을 내려야 할지 모른채 그들은 끝도 없이 부유하고 표류한다.

이 작품의 제일 마지막 문장이다.

이렇게 우리는 물살에 부딪치며 배를 저어 끊임없이 과거 속으로 흘러가는 것이다.

우리는 앞으로 나아가지만 우리가 향하는 곳은 과거에 있는 나의 좋았던 처음, 바로 그곳이라고 나는 이 글과 이 작품을 이해한다. 그렇게 나아가다 개츠비처럼 산산이 부서지더라도. 우리에게 좋았던 처음, 그 순간은 있어야 하나 보다. 그것을 한 번도 가져보지 못한 사람은 그것을 찾아 평생을 헤매고 다니는가 보다.

20대를 지나고 있는 대한민국의 젊은이들에게 스콧 피츠제럴드의 인간다운 사색, 신사다운 고민이 가득한 이 명저의 일독을 간절히 바라본다. 이들의 본이 될 만한 어른이 우리 사회에도 어딘가에 있을 텐데 찾아보기가 힘드니 말이다.

알렉산드르 푸시킨
Alexander Pushkin, 1799—1837

예브게니 오네긴
Евгений Онегин

The man who read

✢

　세계문학 듣기 채널을 틀어놓고 잠을 청하던 날들. 이 글을 쓰게 될 줄 모르고 한없이 편한 마음으로 이야기를 들었던 나의 날들이여, 그립도다!

　그날들이 이어지던 어느 날, 새롭게 나의 알고리즘에 걸려들어 온 소설이 《예브게니 오네긴》이었다. 러시아의 대문호 푸시킨의 소설이라는 소개와 함께 이야기를 듣기 시작하는데, 얼마나 웃기던지 자다 말고 계속 폭소를 터뜨렸다. 나는 개인적으로 '재미'에 관해 이런 생각을 갖고 있다.

　'재밌는 걸 지어서 남을 웃길 수 있으려면 고난도의 고생을 거쳐야 한다.'

　각자 자기 고생 이야기를 펼치자면 너나 나나 비슷하겠으나 그 이야기로 남을 배꼽 잡게 웃기는 레벨로 승화시킬 수 있느냐는 상당한 정도의 고생이 숯과 풀무가 되어, 한 사람을 달관의 경지에 올려놓아야 한다고 본다.

대체 이 슬라브 민족에게는 단체로 어떤 고생이 있었는지, 지금까지 러시아가 한 오라기라도 걸쳐진 이야기 중에 안 웃긴 게 없었다.

이야기를 좀 들어 보니 내가 아는 이야기였다. 영화로도 만들어졌던 그 〈오네긴〉, 발레리나 강수진 씨의 단골 배역인 타티아나가 나오는 발레 〈오네긴〉 아닌가! 발레 작품 전체를 보진 못했지만, 타티아나의 단호한 표정과 거절의 오른팔을 뻗는 유명한 동작을 여기저기서 많이 봤다. 영화 〈오네긴〉도 맥없이 러시아 이야기에 끌리는 내게 상당히 매력적이었다. 여배우도 예쁘고, 사랑 이야기인 것 같고, 모르는 영화가 재밌기 시작하면 그만큼 신나는 일이 있을까? 작정하고 앉아서 영화를 보는데, 사전에 이 작품에 대한 지식이 전혀 없었던 내게 이 영화는 진행이 될수록 맥락이 안 잡혀서 감상하기 어려웠던 기억이 있다.

이 작품은 러시아어로 쓰인 최초의 운문 장편 소설이라고 한다. 장편이라고 하지만 시의 형식으로 쓰였기 때문에 두껍지 않다. 내용도 어렵지 않아서 조용히 읽으면서 따라가면 웃다가 울다가, 다시 웃다가 한숨짓다가 눈물을 닦게 된다. 단 몇 줄에 세월을 담고, 보편적 인생사를 담고, 러시아 풍경을 담고, 책에 빠진 남녀 주인공의 섬세한 사고와 감정을 담아 독자를 울고 웃기는 작가, 천재가 아니고 무엇이란 말인가. 이런 독서 과정 없이 영화만 덩그러니 보면 나 같은 관객은 '저게 울 일인가?', '저게 화낼 일인가?' 하는 것이다.

  소설을 읽다 보면 주인공이 강하게 부각되는 경우가 있고, 또 다르게는 작가가 더 도드라지는 경우가 있는 것 같다. 《예브게니 오네긴》은 후자였는데, 읽으면서 작가 푸시킨의 천재성에 완전히 압도당했다. 이 작품은 다른 소설들과 차별되는 일종의 세련됨을 갖고 있다. 200년 전에 쓰인 이 작품이 가진 특별함의 정체는 '모던함'이었다. 작가의 생각이든, 표현이든, 글의 형식이든, 그 어떤 것도 200년 묵은 올드함은 전혀 찾아볼 수 없었다. 오히려 지금보다 앞선 뭔가를 느꼈으니, 그것이 바로 모던함이라고 생각한다.

  모던함이란 언제라도 그 시대를 한발 앞서가는 무언가로, 지금으로부터 200년 뒤에 누가 읽어도 이 작품의 새로움에 매료될 것을 나는 믿는다. 그 이유가 시로 이야기를 풀어가기 때문이라고 하기에는 설명이 부족하다. 운문시가 모두 이런 느낌을 주는 것은 아니기 때문이다. 작가의 정신, 사유의 자유로움과 용기 있는 글쓰기로 틀에서 벗어나 자기만의 색깔로 경이롭고 아름다운 작품을 세상에 내놓은 작가에게 경의를 표한다.

✢

  이 작품 역시 화자 이해가 중요하다. 이야기 초반에 '나'로 등장하는 화자가 누구인지 계속 찾게 된다. 때로는 주인공들 사이에 앉아 있는 한 인물인 것처럼 보이다가, 갑자기 작품 밖으로 나와서 그들의 내면을 낱낱이 읽어내기도 하니 많이 헷갈렸다. 오네긴과 타티아나의 이야기만큼이나 화자의 이야기가 상당한 부분을 차지하고 있어서 읽다 보면 점점 적응된다.

뒷부분에서 화자는 자신이 이 작품을 써 내려가는 '시인'이라 밝힌다. 자신의 이야기와 만들어낸 인물들의 이야기를 교차시키며 독자들에게 더욱 입체적인 관점을 제공하여 인물 해석과 작품 이해에 오류가 없도록 도와주고 있다.

작품 초반에는 '예브게니 오네긴'이라는 인물에 관한 설명이 자세히 나온다. 이 설명을 대충 읽지 말고 잘 읽어나간다면 적어도 오네긴을 바람둥이로 오해하는 일은 없을 것이다. 오네긴은 바람둥이가 아니다. 러시아 귀족의 전형적인 삶을 살았던 한 젊은이일 뿐.

오네긴을 두고 작가가 건달이요 괴짜라고 부르긴 한다. 그러나 바람둥이 오네긴이 시골 처녀 타티아나의 사랑을 농락했다가 나중에 우아한 공작부인이 되니까 그제야 타티아나에게 애걸복걸하다 보기 좋게 차인다는 식의 이야기가 아니다. 이런 이야기라면 어떤 초현실주의 장식을 뒤집어쓰고 나와도 식상하고 촌스러울 수밖에 없다.

푸시킨이 애정을 담아 그려낸 오네긴은 그렇게 단순한 인물이 아니다. 노래로, 춤으로, 영화로 되풀이되는 이 사랑 이야기를 제대로 감상하기 위해서는 먼저 오네긴을 이해함에 모자람이 없어야겠다. 이를 위해 오네긴의 아버지가 어떤 사람이고, 오네긴이 어떤 성장 과정을 거쳤는지, 지금 오네긴이 어떤 상태인지 빠른 속도로 짧게 치고 나가는 앞부분을 정성 들여 읽기를 당부드린다.

✤

나의 자식들이 "사랑은 타이밍"이라는 간고의 진리에 눈물짓는 때가 온다면 나는 이 작품을 한번 읽어보라고 할 거다. 이 남녀가 어쩌다가 타이밍이 어긋났는지 지금부터 한 번 살펴보자.

오네긴과 타티아나가 처음 만났을 때 두 사람의 상태는 달라도 너무 달랐다. 오네긴은 일찍부터 모스크바 사교계에서 놀아도 너무 놀아서 이제는 모든 게 시들해진 남자다. 사랑도 사람도 물론 여자도 다 넌덜머리가 날 정도로 자기가 속한 세계가 돌아가는 모습에 염증이 난 사람이다. 아버지가 돌아가시고 빚쟁이들이 몰려올 때 싸우는 게 싫어서 받은 유산을 다 줘버리고 나올 정도다. 이어서 숙부가 돌아가시고 온 친척을 통틀어 상속자가 자기밖에 없어서 그 숙부의 영지인 러시아 산간벽지로 막 들어온 참이다.

이때 오네긴은 이미 상당히 진행된 우울증을 앓는 중이었다. 이 시대에 벌써 우울증이라는 병명이 있었고, 이 병명을 단 소설 속 인물이 있었다니! 우울증이란 성격이 침울한 거랑은 전혀 상관이 없듯, 성격이 명랑 쾌활한 거랑도 아무 상관이 없다. 무슨 말만 해도 까르르 웃어 넘어가는 사람도 우울증일 수 있다. 그럼 뭘 보면 아느냐?

'만사에 하고 싶은 게 없고, 하고 싶은 게 생겨도 해낼 기운이 없는 상태.'

즉 심각한 무기력증이 우울증의 대표 증상이다. 지금 오네긴이 이 상태라는 걸 기억하자.

타티아나는 그 산간벽지에서 나고 자란 시골 아가씨요, 동네 지주의 큰딸이다. 영화에서는 매우 신비로운 아름다움을 가진 여배우가 타티아나 역을 맡았다. 그래서 관객의 작품 이해를 상당히 깎아버렸는데 감독은 캐스팅의 반경을 더 넓혔어야 했다. 원작에서 푸시킨이 그린 타티아나는 사람의 눈길을 끄는 데라고는 없는, 매우 평범한 아가씨다. 너무 평범해서 부모도 잘 안 챙길 정도이고, 또래 여자아이들 틈에도 잘 못 끼는, 우울하고 침울한 분위기를 지닌 아가씨다. 예쁘고 귀여운 여동생과 늘 비교당하며 혼자 책을 읽고, 툭하면 창가에 우두커니 서 있는 걸 즐긴다. 한마디로 동네 아웃사이더인 이 아가씨의 눈에 어느 날 오네긴이 들어왔다. '이 남자다!'

당시 러시아 시골도 우리나라 개신교 청년부랑 비슷하게 여초현상이 심각했는지, 괜찮은 신랑감이 나타났다 싶으면 그저 딸들을 줄 세우고, 둘이 엇비슷하다 싶으면 젊은 남녀 짝지어 주는 게 노부인들의 심심풀이요 못 말리는 주책이었으니, 어느덧 오네긴과 타티아나를 맺어주는 분위기로 몰아갔다. 우리의 오네긴이 얼마나 질색팔색할지는 독자들이나 알까, 아무도 모르는 것이다.

타티아나는 주로 혼자서 책을 읽으면서 자랐던 아가씨라 (이 책의 남녀 주인공 역시 지독한 독서광들이다) 오네긴이라는 이상형을 만나면서 그동안 책에서 얻은 온갖 환상들을 그에게 입혀 가며 혼자 상상의 사랑놀이를 이어간다. 사랑을 고백하는 편지를 보내놓고 답장을 받지 못해도 이 사랑을 어쩌지 못하는 타티아나.

한편 오네긴은 타티아나가 가진 특유의 매력을 알아보는 직관이 있었으나 자신의 상태를 너무나 잘 알았기에 사랑의 고백에 화답할 수 없었다. 그래서 매우 정중하고 솔직하게, 내가 보기엔 참 따뜻하게 거절 의사를 밝힌다. 이 대목에서 왜 오네긴이 욕을 먹는지 나는 이해할 수가 없다. 그는 자신의 길을 갔다. 이 순간에는 이것이 변할 수 없는 그의 진심이었다. 타티아나를 우습게 본 것도 아니고 낮춰 본 것도 아니다. 오히려 아무도 알아봐 주지 못한 타티아나의 진가를 알아봐 준 유일한 사람이었다. 과거의 그가 얼마나 제멋대로였든, 미래의 그가 얼마나 후회하든, 지금 그는 자신의 신념대로 살고 있다. 그래서 그의 거절이 내겐 매우 당연해 보이고 신사답게 보인다. 자신의 성미와 상태를 잘 아는 오네긴은 타티아나에게 이런 말을 한다.

> 밤낮으로 혼자인 가엾은 아내가
> 자격 없는 남편 때문에 슬퍼하고,
> 무뚝뚝한 남편은 그녀의 가치를 알면서도
> (그럼에도 불구하고 운명을 저주하며)
> 언제나 찡그리고, 침묵하고,
> 성내고, 쌀쌀맞게 질투하는,
> 그런 가정보다 더 나쁜 게 이 세상에 또 있을까!
> 나는 그런 사람이오.

이게 정녕 바람둥이의 거절의 변으로 들린단 말인가!

이 일 이후 오해와 분노와 복수와 또 다른 오해가 겹쳐 결투가 신청되고, 물릴 수 없는 '남자의 명예'라는 오만 위에 한 젊음이 제물이 되어 바쳐진다. 오네긴은 이 충격으로 시골을 떠나버린다.

주인이 떠나고 없는 빈집, 오네긴의 서재에 타티아나가 들어간다. 타티아나에게 인생의 전환점이 되는 매우 중요한 장면이다. 사랑도 잃고, 죽음을 목도하고, 여동생은 멀리 떠나고, 이 많은 일을 한꺼번에 겪은 타티아나는 오네긴이 있던 방에서 비로소 혼자 있게 된다.

그녀는 혼자 오래 운다. 통곡한다. 한참을 울고 오네긴이 썼던 방을 둘러보다가 그가 모아둔 책들의 제목을 살펴보고, 그 책들을 읽어보고, 책에 표시된 것들 하나하나, 오네긴이 쓴 글들을 읽어보면서 타티아나는 처음으로 오네긴을 정면으로 응시하게 된다. 푸시킨의 표현을 한번 보자.

처음에는 책 읽을 기분이 아니었지만,
갖춰 놓은 책들이 그녀에게 기이한 것들이었다.
타티아나는 목마른 영혼으로 독서에 빠져들었고
그녀 앞에 또 다른 세계가 펼쳐졌다.

타티아나가 오네긴의 책을 읽으면서 자기의 세계 또한 시작되는 순간이다. 이렇게 타티아나의 정신적 성장이 시작되었다. 그리고 이어진 또 다른 표현이다.

대체 어떤 생각과 의견에 오네긴이 감동하였는지,
무엇을 침묵 속에 동감하고 있었는지,

타티아나는 두근대며 깨닫는다.

이 시점이 타티아나가 오네긴을 제대로 사랑하게 되는 때가 아닐까. 사랑이란 결국 상대방을 아는 것이니까. 자신의 환상으로 그려낸 오네긴이 아니라 있는 그대로의 오네긴을 타티아나는 알아간다. 오네긴이 떠나고 비로소 오네긴을 알게 된 타티아나. 이들의 타이밍은 이렇게 어긋난다.

✣

세월이 흐르고 다시 만난 오네긴과 타티아나. 이때는 타티아나가 어떤 사람이 되어있는지 잘 파악해야 한다. 타티아나에 대한 이해가 이 사랑 이야기의 완전한 감상을 도와줄 수 있기 때문이다.

푸시킨은 타티아나의 남다른 아름다움에 대해 자세히 설명한다. 모두가 그 앞에서 경의를 표하고, 말을 삼가고, 숨죽이는 식이다. 타고난 미인이라고는 할 수 없으나 조각 같은 미녀 옆에서도 결코 빛이 바래지 않는 아름다움을 가진 공작부인 타티아나.

그녀는 다시 만난 오네긴 앞에서도 한 치의 흐트러짐이나 흔들림 없이 그를 대한다. 오네긴조차 그 옛날의 타티아나가 맞나고, 그녀가 가진 대담함과 당당함을 보면서도 스스로 믿기 어려워한다. 타티아나는 어떻게 이럴 수 있었을까? 작가는 매우 특이한 표현을 한다.

   그녀는 머리끝부터 발끝까지 통틀어 발견되지 않은 것이 하나 있는데 그것이 바로 vulger(천박함)이었다.

   타티아나가 속한 모스크바 사교계에서 그녀만 가졌던 이 특별함은 어디에서 왔을까? 그녀만이 가졌던 차이점은 무엇이었을까?
   작가는 더 힌트를 주지 않는다. 독자가 추리해 보는 수밖에 없다. 앞에서 보았듯이 그녀의 새로운 세계는 오네긴의 책 앞에서 그 문이 열렸다. 이전에 그녀도 책을 읽는 소녀였지만, 이제는 '남자의 책'을 읽기 시작한 것이다. 굳이 이렇게 이름 붙이는 걸 이해해 주시길. 당시 사회의 도서 분류를 극단적으로 해봤을 때, 이게 가장 독자의 이해를 돕는 선택이라고 생각해서다.
   푸시킨의 표현처럼, 어떤 생각과 의견이 적힌 책을 그녀는 읽기 시작했다. 사랑했고, 그 사랑을 잃어도 봤다. 덧없는 죽음도 보았다. 사랑하는 사람이 읽었던 책을 통해 상대방을 이해할 수 있었다. 그리고 자신을 바라볼 수 있었다.
   사랑을 이해하고, 더 이해하기 위해서, 사랑의 상실을 이겨내기 위해서 더 책을 읽었던 타티아나. 책을 읽으면 사색은 당연히

2부 운명의 갈림길에서   131

이어지게 되니, 그녀의 내면은 단단해져 갔을 것이고, 이 내적 성숙은 그녀의 외모에 고스란히 드러났을 것이다. 사랑을 잃어버리면서 자신을 발견하게 된 타티아나, 자신을 발견한 자가 세상을 알아가는 것은 그리 어려운 일이 아니다. 그런 타티아나는 자신감과 자존감으로 가득 차 있는 이 시대에도 찾기 어려운 그런 여성이었을 것이다.

오네긴은 이 모든 것을 알아보았을까? 시골 아가씨의 인문학적 소양과 자질을 한 번에 알아본 오네긴이었는데 이것을 못 알아봤을 리 없다. 타고나거나 물려받은 자존감이 아니라 자신의 힘으로 성취해 낸 자존감으로 조용히 차오른 타티아나에게 이번에는 오네긴이 설명할 수 없는 사랑에 빠진다. 그녀는 어디에서도 만나보지 못한 새로운 매력의 여성이었다.

오네긴이라고 몰랐을까. 지금 와서 이렇게 사랑을 갈구하는 것이 치사하고 구차해 보이며, 그 누구보다도 그녀가 진심으로 받아줄 리 없다는 사실을. 더구나 그녀는 유부녀였다. 이 명명백백한 구조에 빠져 있으면서도 그는 망설이지 않았고 거침이 없었다. 그 옛날의 타티아나보다 더욱 절절한 긴긴 사랑의 편지를 보내고, 돌아오는 그녀의 냉담함을 견디지 못하고, 타티아나를 처음 만났던 그 시골집으로 도망치듯 사라진다. 그리고 겨우내 자신의 서재에 박혀서 책만 계속 읽어댄다. 이해하려고 깨달으려고, 이야기에 빠지려고 읽는 게 아니다. 머릿속에 떠오르는 것을, 가슴 속에 계속 일렁이는 것을 지우고 싶어서, 잠재우고 싶어서 읽는다. 눈을 감으면 더 또렷해지는 그 모든 것을 감당하기 어려워 눈에 계속 활자를 들이대듯, 틀어막듯 그렇게 읽어가는 것이다.

긴 겨울을 보내고 얼음이 녹을 무렵, 어느 날 오네긴은 모든 것을 박차고 일어나 타티아나가 있는 모스크바로 달려간다. 그녀의 집에 도착했을 때, 그녀는 아무런 치장도 하지 않고 창백한 얼굴로 홀로 앉아 한 손에 뺨을 괸 채 한 편지를 읽으며 조용히 하염없이 눈물을 흘리고 있었다. 무슨 말이 더 필요한가. 갑자기 사라진 오네긴, 그가 남긴 편지로 그녀는 그 겨울을 보낸 것이다. 편지들을 읽으며 오네긴을 또 한 번 알 수 있었겠지. 울고 있는 그녀의 발밑에 엎드려 이 남자도 운다. 타티아나는 오네긴에게 변함없는 자신의 사랑을 고백하지만, 그녀는 남편에게 충실한 아내로 살 것이라 말하며 그들의 마지막 만남은 끝이 난다.

사랑은 이토록 타이밍이다.
사랑이 이루어지는 것도,
사랑이 이루어지지 못하는 것도.
그리고 사랑은 아는 것이다.
사랑하는 사람을, 그리고 자기 자신을.

이 가슴 아픈 러브스토리를 읽는 내내, 아이러니하게도 나는 참 행복했다. 이 이야기가 얹혀 있는 배경이 너무나 정답고 푸근하고 친근하여, 있지도 않은 내 시골 고향이 그리워지고, 있지도 않았던 내 유모도 보고 싶고, 내 유년기 놀이터에는 눈 한 송이 떨어지지 않았건만 마치 러시아 눈밭에 구르고 놀았던 것처럼 썰매도 그립고, 전나무도 그립고, 성탄 노래도 그립다. 겨울이 오면 이 책을 찾게 될 것 같다. 있지도 않았던 것을 그리워하게 하는 마법을 부리는 이 책으로 들어가 떼쓰면서 징징 울고 심술부리고 고약을 실컷 떨고 싶다. 망나니가 되고 싶다. 엄마한테 쥐어박혀도 안아주고 눈물 닦아주고 코 풀어주는 아빠에게 폭 안겨서 까주는 귤을 받아먹고 싶다.

나 덜 컸나?

알베르 카뮈
Albert Camus, 1913–1960

이방인
L'Étranger

The man who read

✣

  수십, 수백 년이 지나도 사라지지 않고 우리 옆에서 살아 숨 쉬는 소설 속 주인공들에게는 한 가지 공통점이 있다.

  그들은 결코 자기 자신이기를 포기하지 않는다. 그 무엇과도 타협하지 않고 끝까지 자기 자신으로 남는다. 세상이 그들을 버리고, 가두고, 혹은 죽음으로 내몰지라도.

  어떻게 해서 그런 성격의 인물이 되었는지 숨은 그림 찾듯 읽어가면서, 그 인물이 끝까지 자기 성격대로 살다가 마침내 세상의 벽을 뚫고 나가는 모습, 때로는 벽에 부딪혀 쓰러지는 모습을 지켜보는 것이 소설 읽기의 진미이다.

  '나라면 어떻게 할까? 벽을 피해 돌아갈까? 아니면 벽에 문을 만들까? 나도 한 번 부딪혀 볼까?'

  주인공이 남긴 잔상과 함께 이런 고민에 빠지면서 책장을 덮는다.

'잔상.'

이 잔상이 문제다. 주인공들이 남기는 잔상은 한결같이 충격적이지만, 그 충격이 고통만 남기는 것이 아니기에 그들이 이르는 어이없는 결말에서 나는 쉽게 돌아서지 못한다.

그들의 삶의 여정 끝이 정신병원이요, 감옥이요, 무덤이라 해도. 사랑이 깨어진 곳, 믿음이 배신당한 곳, 노력이 물거품이 돼버린 곳임에도 불구하고, '이들처럼 살아야 하는 것 아닌가? 아니 이들처럼 살고 싶다!'라는 생각이 드는 건 이들이 나에게 남긴 잔상이, 잔향이 가슴 아프도록 아름다워서일 것이다.

알베르 카뮈의 《이방인》은 따로 해설이 필요한 책이 아니다. 작가가 이 책을 어떻게 읽어야 하는지 서문에 이미 다 써놓았기 때문이다. 그 안내를 따라 읽어가면 된다.

우리 사회에서, 자기 어머니의 장례식장에서 울지 않은 사람은 누구나 사형 선고를 받을 위험이 있다.

그는 소설을 통해 이 메시지를 전달하고 싶었다고 한다. 부조리에 관한 메시다. 작가가 밝힌 메시지는 짧고 간단하지만, 독자들이 작품을 이해하기가 쉽지 않다. 이 작품을 액면 그대로 따라가다가는 '이 인간은 도대체 뭐하자는 거냐?'고 주인공에게 발끈하기 쉽다. 이 모습이 바로 주인공을 죽음으로 몰아넣은 등장인물들의 반응이었으니, 작가는 이 딜레마 속에 서서히 독자를 빠트려서 어느 지점에서는 나 자신을 직면하게 만든다.

'나의 몰이해가 그의 죽음을 불러오겠구나.'

어머니의 장례식이 부른 아들의 단두대. 죽음에 관련된 이 두 형식이 서로 어떤 관계가 있는지, 과연 관계가 있는지, 이미 작가는 정답을 알려줬지만, 자꾸만 독자는 의식으로 가득 차 고개를 가로젓는다.

주어진 정답이 우리의 의심을 사라지게 못 하는 이유는 우리의 논리로는 정답이 좀 부족하기 때문이다. 가이드의 끝점에서 힌트를 드리자면, 의심이 일 때마다 '제목'을 떠올리시라! 이 작품은 제목이 곧 해설이니까.

한 손에 가뿐히 들어오는 이 작은 책 안에 거대한 외로움이 가득하여 다 읽고 나면 가슴이 묵직하게 울려온다.

✢

주인공 뫼르소.

책 속에서 뫼르소의 과거를 알아내기는 조금 까다롭다. 과거에 대한 묘사가 거의 없다. 있다 해도 거기에서 현재를 이해할 수 있는 암시는 현저하지 않다. 어떤 것에도 흥미나 재미, 열정 없이 세상에서 한발을 뒤로 빼고 구경꾼인 양 사는 뫼르소를 이해하기가 그래서 어렵다.

뫼르소는 아버지에 대한 기억이 없다. 어렸을 때부터 아버지가 안 계셨는데 돌아가신 건지, 집을 나가신 건지 설명이 없다. 다만 엿보이는 건 사라진 남편 때문에 슬픔에 빠져 평생 우는 게 버릇이 되어 이제 습관성 눈물을 보이는 뫼르소의 엄마다.

모자는 늘 가난했다. 그래서인지 뫼르소는 대학을 중도에 포기해야 했고, 우울했던 어머니와 아들의 대화는 점점 줄었다. 뫼르소는 성실한 직장인이지만 노년의 어머니를 집에서 간병인까지 써가며 모시기에는 경제적으로 벅차 요양원으로 보내야 했다.

이 작품이 쓰였던 1942년 알제리는 프랑스 식민지로, 근래 한국처럼 노인들이 말년을 집에서 자식과 함께 지내지 못하고 요양원에 가는 것을 엄청난 불행이라고 여겼던 모양이다. 어머니를 요양원으로 보낸다고 이웃들도 뒤에서 수군거렸고, 요양원에 간 어머니도 눈물로 적응기를 채운다. 그렇게 혼자 지내는 뫼르소에게 어머니가 돌아가셨다는 소식이 전해지면서 이 소설은 시작된다.

✣

배경은 프랑스 식민지령 알제리의 수도 알제. 뫼르소는 프랑스인으로 당연히 주류집단에 속한 사람이었다. 그렇다면 '이방인'이라는 제목은 어떤 의미일까?

구약성경에서는 가장 살아가기 고달픈 사회적 약자로 고아와 과부와 '이방인'을 가리킨다. 이제 우리 곁에도 많이 들어와 있는 이방인들, 자기 나라에서 번듯한 직장과 학업을 포기하고 한국으로 와서 거친 일을 하며 번 돈을 고국의 가족에게 보내는 이들의 처지를 우리는 잘 알고 있다. 어쩌면 《이방인》을 이해할 수 있는 심정적 인프라가 더 좋아진 시대다.

그들은 머릿속에 그리고 가슴속에 하고 싶은 이야기가 잔뜩 있겠지만 아무도 그것을 궁금해하지 않는다. 듣고 싶어 하지 않고, 들어주려고 하지도 않는다. 다만 그들이 오늘 할 일을 잘 할 수 있는지, 아픈 데는 없는지, 밥은 어떤 걸 먹으려는지 정도의 관심에서 더 나아가지 않는다. 이 정도의 관심을 관계자들이나 제대로 갖고 있으면 다행이다. 공사 현장을 지나가면 흔히 볼 수 있는 외국인 노동자에게 그는 어디에서 태어났는지, 어린 시절은 어땠는지, 부모는 어떤 사람들이었는지, 어떤 꿈이, 어떤 청춘이, 어떤 사랑이, 혹은 어떤 아픔이 있었는지 그 누가 궁금해하며 물어올 것인가. 어떤 한국인이 다가가서 '당신과 내가 비슷한 나이인 것 같은데 우리 친구가 되어보자'고 하겠는가 말이다. 말도 통하지 않고 외모도 너무 다르지만 우리는 이방인에게 아무런 관심이 없다.

우리야 그들과 소통하지 않는 이유로 답답할 게 없지만, 입장을 바꿔서 영어 한마디 못하는 내가 4남매 공부시키고자 아메리카 땅에서 매일 빌딩 계단을 청소한다고 치면, 내게 할 얘기가 쌓이고 쌓여서 책으로 엮는 이 사연을 누가 알아준단 말인가. 글 잘 쓰고, 말 잘하고, 사람도 금방 사귀고, 멋도 낼 줄 아는 나만의 희귀성이 그 땅에서는 전혀 통하지 않는 거다. 이렇게 1년만 살아도 나는 아마 나의 정체성을 호모 사피엔스(슬기로운 인간)에서 호모 에렉투스(서서 걷는 인간)쯤으로 좁혀서 살지 싶다.

작품으로 돌아가서, 문제는 우리의 주인공 뫼르소는 말이 통하지 않는 이국땅에 떨어진 이방인이 아니었다는 데 있다. 그는 자기 나라에서 사는, 직장도 있고 집도 있고 원하면 본국으로 발령을 받아 파리에 가서 살 기회도 있고, 아름답고 매력적인 애인도 있고, 달리기와 바다 수영을 즐기는 건강한 신체가 있고, 말없는 그의 진실함을 알아주는 친구도 있다. 이런 뫼르소의 이야기 제목이 '이방인'이다.

사당역 근처 공사장 어느 외국인 근로자처럼, 아메리카 빌딩 계단에서 껌 떼고 앉아 있을 뻔했던 나처럼 아무도 자신에게 관심이 없는 세상에 지쳐서 자기의 이야기를 잘라내 버린 이 사나이. 심연에 묻어둔 진짜 이야기를 못 꺼낼 바에야 아무려면 어떤가, 그런 게 뭐 그리 대수라고, 이래도 좋고 저대로 괜찮다고 마음을 닫아버린 뫼르소. 자기가 알고 있는 자기 자신에 대해 세상은 관심이 없으므로 세상이 알고자 하는 만큼, 딱 그만큼만 존재하고자 한다.

이렇게 살아왔던 뫼르소가 독자들에게 덤덤하게 건조하게 그러나 참으로 솔직하게 자기 이야기, 순간적으로 스치고 지나갔던 생각, 찰나에 불과했던 감정까지 다 보여준다. 세밀화 같이 그려지는 한 젊은이의 내면세계로 들어가 보자.

이 작품은 주인공의 우발적 살인과 그 이유가 태양 때문이었다는 대사로 유명하지만, 사실은 뫼르소라는 한 젊은이의 내면을 꽉 채운 것이 무엇이었는지 하나하나 천천히 조용히 보이다가 뒤로 갈수록 폭발하듯, 분출하듯, 쏟아내듯 드러나고 그 밑바닥까지 남김없이 보고 나면 그의 외로움에, 세상을 향한 그의 갈구에 가슴이 먹먹해지는 작품이다.

시대를 초월하여 부활을 거듭하는 소설 속 주인공들의 특징 중 두 번째는 독자인 나 자신을 품고 있다는 것이다. 자기 자신이기를 포기하지 않는 주인공의 끝말에서 우리가 쉽게 돌아서지 못하는 또 다른 이유는 그의 삶에서 나 자신을 보았기 때문이다. 순간이었다 하더라도. 유일성과 보편성을 가진 인물은 세월을 넘어도 살아남는 모양이다.

책 속에서 이상적 인물을 찾고, 도덕적 인물, 교훈적 인물을 찾아냈다면 그 책은 아마 위인전일 것이다. 소설이란 세상에 둘도 없는 특별한 인물이 허구의 옷을 입고 수십 년 전 남의 나라에서 태어나놓고도 읽어갈수록 어디서 많이 본 기시감 넘치는, 알고 보니 바로 내 이야기를 풀어나간다.

✣

　첫 장면이다. 주인공이 어머니의 부고를 접하고 사장에게 휴가를 받는 장면이다. 정상적인 집단에서라면 모친상을 당한 뫼르소에게 조의를 표하고 뒷일은 걱정 말고 어서 가보라고 할 텐데, 이 사장은 직원의 이틀 휴가가 탐탁지 않다. 이 모습에 뫼르소는 자기 잘못이 아니라는 변명까지 하게 된다. 그리고 속으로 생각한다.
　'아마 장례를 치르고 오면 그때는 사장이 제대로 된 인사를 하게 될 거야.'
　이 짧은 장면이 독자에게 주는 힌트를 놓치지 말자. 마땅한 권리 앞에서도 변명해야 했던 뫼르소의 모습에서 그가 어떤 삶을 살아왔는지 추측하게 하고, 이어지는 그의 생각을 읽으면서 그가 어떤 사람인지 가늠하게 한다.
　어머니가 지내시던 요양원에 도착해 원장을 만나 면담을 하고 유해가 안치된 영안실에서 관습을 따라 조문객들과 하룻밤을 새우며 애도를 한다. 어머니의 부고를 오전에 전보로 받았기에 어제 돌아가셨는지, 오늘 돌아가셨는지도 모른 채 그는 달려갔고, 뜨거운 날씨 때문에 매장을 서둘러야 해서 다음 날 한낮에 장례를 마치고 집으로 돌아간다. 장례를 치르는 1박 2일의 장면에도 많은 힌트가 있다. 전개 부분인 만큼 주인공의 성격을 하나씩 알아갈 수 있도록 장치를 잘 마련해 놓았다.

모든 절차는 요양원의 계획대로 진행되었고 뫼르소는 의문이 들어도 질문하지 않는다. 그냥 다 받아들인다. 밤샘 조문 내내 유난히 혼자 우는 한 노인과 다른 노인들의 침묵. 뫼르소는 그들 모두가 자신을 재판하고 있는 것 같다는 엉뚱한 생각이 들었지만, 나의 눈에도 그 생각이 지나치다고 보이지 않는 이유는 고인에 대한 애도 못지않게 중요한 유가족에 대한 위로가 전혀 보이지 않아서다.

뫼르소도 상주의 역할이 처음이라 낯설었겠지만, 어디에서도 장례식을 구경해 본 적 없는 사람처럼 매 순간 어떻게 해야 할지 혼자 고민하고 망설이다가, 그의 캐릭터대로 뭐가 그렇게 중요하겠나'라는 생각으로 결정하고, 사람들의 반응에 예민한 이방인 습성에 따라 혼자 후회도 한다. 자기가 속한 사회의 관습에 전혀 익숙하지 않은 모습에서 뫼르소와 그의 어머니가 얼마나 고립된 삶을 살았는지 예측할 수 있다.

관혼상제를 처음 치르는 현대인들의 우왕좌왕을 도와주기 위해 장례지도사 같은 신종 직업이 생긴 것을 보면, 속에 자기 생각이 있어도 남이 하자는 대로 하는 뫼르소의 소극적 태도가 이해는 간다. 오히려 뫼르소는 매우 예민한 사람이라 모든 절차마다 생각이 많지만, 결코 입으로 내뱉지 않고 따라갈 뿐이다.

그는 어머니의 장례식에서 존다. 그는 지쳐 있다. 더위에 지치고 홀로 상주 자리를 지키는 모든 낯선 상황에 지치고, 밤을 새우는 것에 지치고, 침묵에 지치고, 밤새 켜 있는 전깃불에 지쳤다.

　그는 어머니의 장례식에서 밀크커피를 마신다. 저녁 식사를 하고 싶지 않은 그에게 관리인이 가져다준 커피였다. 커피를 마시고 나니 담배 생각이 나서 담배를 피운다. '이래도 되는 걸까?' 잠깐 고민하다가 '안 될 것은 또 뭐겠냐' 싶은 생각에 조문이 시작되기 전, 관리인과 함께 담배를 피운다. 그는 어머니의 죽음 앞에서 눈물을 흘리지 않았고, 관 뚜껑의 나무못을 다시 열어 어머니의 시신을 보여줄 수 있다고 하는데도 보려 하지 않는다. 또 어머니의 나이를 정확하게 알지 못한다.

　이 정도면 아무리 관용적인 사람이어도 주인공 내면에 문제가 있다는 의구심이 들만 하다. 여기에서 뫼르소는 한 술을 더 뜬다. 결혼하자는 여자친구 마리에 대한 남자친구 뫼르소의 대답과 생각이다.

　저녁에, 마리가 나를 찾아와서는 자기와 결혼하고 싶은지를 물었다. 나는 상관없다고 그녀가 원한다면 할 수 있다고 대답했다. 그녀는 그러자 내가 자기를 사랑하는지 알고 싶어 했다. 나는 전에 말한 것처럼, 어떤 의미도 없지만 아마 사랑하는 것 같지는 않다고 대답했다. "그런데 왜 나랑 결혼하지?" 하고 그녀가 말했다. 나는 그녀에게 그건 별로 중요한 게 아니며, 그녀가 원한다면 우리는 결혼할 수 있다는 거라고 설명했다. 게다가,

요청한 사람은 그녀고 나는 흔쾌히 그러자고 말할 거라고. 그녀는 그러자 결혼은 진지한 일이라고 지적했다. 나는 "아니야"라고 대답했다. 그녀는 한동안 침묵하며 조용히 나를 바라보았다. 그러고 나서 그녀는 말했다. 그녀는 다만 내가 같은 방식으로 알게 된, 다른 여자로부터 같은 제안을 받는다면 받아들일 것인지를 알고 싶어 했다. 나는 "당연히"라고 대답했다. 그러자 그녀는 자신도 나를 사랑하는 건지 알고 싶어 했는데, 나로서는 그에 관해서는 알 수 없는 것이었다. 또다시 잠깐의 침묵이 흐른 뒤에, 그녀는 내가 묘하다고, 아마 그 때문에 나를 사랑하지만, 어쩌면 언젠가는 바로 그 같은 이유로 내가 싫어질 수도 있을 거라고 중얼거렸다. 내가 덧붙일 말이 없었기에 잠자코 있자, 그녀는 내 팔을 잡고 웃으며 나와 결혼하고 싶다고 말했다. 나는 그녀가 원하는 이상 우리는 할 수 있다고 답했다.

왜 중요하지 않을까? 왜 그에게 누군가를 사랑하는 것은 중요하지 않고 의미도 없는 것일까? 그러면서 결혼을 왜 한다는 것일까?

문제의 그날 비극이 일어나기 직전, 뫼르소는 이제까지와 달리 삶에 더 가까이 다가가 마음을 여는 듯한 모습을 보여준다. 그는 행복했다. 이 장면에서 독자들은 보통 사람의 모습을 처음 보여주는 뫼르소에게 비로소 안심했을 것이다. 여기까지 오면서 아무에게도 해를 끼치지 않지만, 안 해도 될 말, 아무도 이해하지 못할 말을 하는 뫼르소 때문에 매우 아슬아슬했다. 간이 툭 떨어지도록. 그런 그가 이날 아침 내내 친구들과 웃고, 함께 먹으며 다가올 여름휴가 계획을 세우고, 연인을 보며 '아, 정말 결혼이라는 걸 해도 좋을 것 같다'는 생각을 하니, 드디어 이 외로운 남자가 삶의 정상궤도에 들어오는 것 같아 반가운 이 지점에서, 그만 사고가 일어난다.

프랑스령 알제리에서 백인인 프랑스인과 무어인인 아랍인 사이의 긴장 관계는 일제강점기 우리 땅에서 일본인과 조선인 사이의 긴장 관계와 다르지 않을 것이다. 이러한 배경에서 친구의 우여곡절에 말려들었지만, 오히려 뫼르소는 냉정함을 잃지 않았다. 도리어 우발적인 사고가 일어날까 봐 친구를 자제시키느라 그에게서 총을 빼앗았다. 사태가 일단 안정이 됐다고 생각하고 혼자 쉬고 싶었던 뫼르소는 다시 찾아간 곳에서 생각지도 못하게 문제의 아랍인과 마주친다. 이때 뫼르소의 주머니에 있던 총과 아랍인의 손에 있던 칼이 맞서게 된다. 이 장면까지 작품을 감상하는 데 큰 무리는 없다. 작가는 매우 상세하게 뫼르소의 내면을 묘사하므로 독자들은 다만 안타까울 뿐, 혼란스럽지는 않다.

그렇다. 살인의 이유는 태양이었다. 뫼르소의 말 그대로이다. 뜨거운 태양을 피해 가려던 곳에서 뜨거운 태양으로 이마의 땀이 눈으로 흘러들어오고, 뜨거운 태양이 칼날에 비쳐 눈이 부셔 긴장하여 단단히 겨누고 있던 손에 힘이 들어간 것이다. 여기까지가 1부 내용이다.

✢

 2부는 체포된 뫼르소가 변호인을 만나고 예심 판사를 만나 일대일로 대화를 나누는 장면으로 시작한다. 변호인도 예심 판사도 유치장에서 만났던 사람들까지 뫼르소의 외모에서 어떤 범죄자 관상을 읽지 못한 탓인지 아무도 긴장하지 않는다. 그러나 대화가 이어질수록 변호인마저 화가 차오르기 시작한다. 왜냐면, 뫼르소가 앞에서 여자친구 마리에게 했던 그런 식의 이야기, 즉 자기만의 진심을 자기만의 화법으로 말하기 때문이다. 듣는 이들이 어떻게 받아들이느냐에는 아무런 관심이 없다. 자신이 지금 처한 상황에서 타인이나 국가기관이 베푸는 제도적 배려에 고마워하는 순진함을 보이는 한편, 이 상황에서 벗어나기 위해 혹은 유리한 위치를 잡기 위해 꾀를 부리는 모습은 조금도 없다. 매 순간 인간 뫼르소로서 대답한다. 총격 살인의 죄로 잡혀 왔는데 자꾸 어머니의 죽음에 관해 묻자 영문을 몰라 한다.
 "어머니를 사랑했냐?"
 "사랑했다."
 "그럼 어머니의 죽음이 슬펐겠네?"

"나는 나 자신에게 묻는 습관 같은 걸 잊었으며, 그런 정보를 당신에게 증명하는 것도 어려운 일이오."
그는 속으로 생각한다.

의심의 여지 없이, 나는 엄마를 무척 사랑했지만, 어떤 의미도 없는 것이다. 건전한 정신의 모든 존재가 어느 정도 자신들이 사랑하는 이들의 죽음을 바란다.

이런 식이다. 슬펐다고 말하면 될걸, 그 순간 자신이 진정으로 슬픔에 빠져 통곡하지 않았다 하더라도 그건 나만 아는 나의 속사정이고 누가 알아준다고 이런 말을 하냐는 것이다.
우리의 주인공들은 모두 한결같이 이런 모습이다. 그들은 단 한 순간도 진심이 아닌 말, 혹은 진심을 부풀리거나 진심에 뭔가를 섞어서 말하지 않는다.
뫼르소에게 이것은 시작에 불과했다.
"살인이 일어난 그 날, 당신의 우연한 첫발은 이해가 가지만, 왜 시신을 향해 네 발을 더 쐈냐?"
예심 판사의 이어지는 질문에 침묵하는 뫼르소는 갑자기 종교재판을 받는 죄인이 된다. 예심 판사는 그에게 원죄를 인정하고, 참회하여 용서함을 받고 구원을 받으라고, 너 같은 죄인을 위하여 십자가에서 피를 흘리신 것이라고 말한다. 어떻게 이런 것을 안 믿을 수가 있냐고, 하나님을 보지 못한다 하더라도 당신 같은 죄인들이 이 자리에 와서는 모두 눈물을 흘리고 하나님께 용서를 구했다고, 그분이 용서하지 못한 죄인은 없다고, 이것은 자신의 신념이라고. 이 사실을 의심하게 되면 자신의 삶은 의미가 없다고 흥분하여 설파한다.

예심 판사의 이 말에 뫼르소는 당신의 말은 이 일과 아무 관계가 없다고, 하나님께 나 자신을 맡길 생각은 없다고 말한다.

1년 가까이 진행된 예심이 끝나고 재판이 이어지는데, 판사, 검사, 변호사, 배심원단, 경관과 신문 기자들, 집행관과 방청객 모두는 시신을 향해 네 발을 더 쏜 뫼르소에게서 극악무도한 잔인성을 찾는다. 그 증거로 어머니 장례식에서 그의 일거수일투족이 모두 소환된다. 그의 얼굴에서 슬픔을 볼 수 없었듯 지금도 역시 참회의 빛이라고는 찾아볼 수 없는 뫼르소는 악마의 화신으로 몰려 선처의 여지는 결코 있어서는 안 되며, 그에게 다시 기회를 준다면 그것은 또 다른 살인으로 연결될 거라는 판결을 받는다.

뫼르소의 이웃과 친구들과 연인이 그의 사람됨을 증언하지만 그들의 소리는 너무나 미약했다.

공개참형을 선고받고 난 뒤, 마지막 부분에서 '아, 이렇게 끝나는구나, 그래서 결국 죽는 거야? 아, 이런 결말 별로다'라고 해버리면 이 책을 들고 여기까지 온 게 다 물거품이 된다.

알베르 카뮈가 서문에서 힌트를 주는 것처럼, 이 마지막 부분에 폭탄을 다 숨겨두었다. 잘못 밟으면 지뢰가 되어 이제까지 읽은 게 헛수고로 끝나지만, 잘 터트리면 멋지게 밤하늘을 밝히는 불꽃놀이가 될 것이라 장담한다.

앞에서 어머니 죽음 사건은 1단계 훈련이었고, 바닷가 살인 사건은 2단계 훈련, 재판 과정은 3단계까지 모든 훈련이 마지막 단계의 이해를 돕기 위한 것이었다. 《이방인》을 이해했다면, 즉 뫼르소의 마지막 독백을 이해했다면, 앞으로 이해 못 할 주인공은 없을 것이다. 힘을 내시라.

✤

사형 선고를 받은 뫼르소는 이제까지 보여주던 모습과는 전혀 다른, 그러나 어쩌면 너무나 당연한, 생에 대한 강한 집착을 드러낸다. 이곳에 이르러서야 비로소 왜 뫼르소가 사랑과 결혼을 유독 의미 없어 했는지, 아니, 사랑과 결혼이 자고 깨는 것과 별반 다를 게 없다고 생각하는 사람처럼 보이는지 알 수 있다.

한 번도 보여주지 않았던 그의 내면세계를 열어 그가 해지는 여름 저녁의 풍경을 얼마나 사랑하는지, 하나하나 잊지 않고 그려갈 수 있을 정도로 마음에 새겨가며 자기가 사는 세상을 얼마나 사랑해왔는지 보여준다. 자신에게 떨어진 두려운 운명을 피해 갈 방법을 찾아 헤매고, 갑자기 닥칠 그날이 두려워 잠도 이루지 못한다. 탈옥할 수도 없고, 갱생의 기회가 주어지지도 않을 것이고, 형 집행의 실수도 없을 그 완벽함에 잠을 이루지 못한다.

  항소를 생각하다가 결국 또다시 오게 될 죽음을 생각하자, 그때도 지금과 다르지 않을 것이며, 그 사이에 자신의 삶을 지금껏 살아온 것보다 훨씬 좋을 것으로 비약하는 자신의 상상을 비웃으며 어차피 지금과 같은 두려움으로 죽음을 맞을 것이니 항소도 포기한다.

  이렇게 자기 자신과 겨루고 있는 뫼르소를 신부가 찾아오고 사형수에게 신 앞에서 죄를 고백하고 용서받을 기회를 주고자 하나 그는 완강히 거부한다. 도대체 뉘우침이라고는 없는 이 특이한 사형수를 신부는 이해하지 못한다. 역적으로 몰려 억울한 죽임을 당하는 충신이 보이는 죽음 앞에서의 의연함이라면 고개가 숙여지기도 하겠지만, 어머니의 죽음에 눈물 한 방울도 안 흘린 냉혈한에 이미 죽은 시신에 네 발의 총알을 잔인하게 쏴버린 살인마 즈제에! 예정된 죽음, 약속된 처형, 절대로 피할 수 없는 형벌 앞에서 인간이라면 무너지게 마련인데! 죄가 없다면 끝까지 항소하거나 죄가 있다면 반성해야 할 것이 아닌가! 이 사형수는 죄를 인정하는 것도 거부하는 것도 아닌, 모든 것을 그냥 받아들이는 것처럼 보인다. 그런데 신 앞에 참회만은 강력히 거부하는 이유는 신부를 알 길이 없다.

나는 그에게 나는 다른 사람들과 같다고, 절대적으로 다른 모든 사람과 똑같다고 말하고 싶었다. 그렇지만 기본적으로, 그 모든 것들이 크게 쓸모 있는 게 아니었기에 나는 무기력해져서 포기해 버렸다. … 엄마는 종종 말하곤 했었다. 누구나 완전히 불행한 건 결코 아니라고. 나는 진심으로, 거의 애정을 담아, 실제로 나는 무언가를 후회해 본 적이 결코 없다고, 그에게 설명해 주려 애써 보고 싶었다. 나는 항상 앞으로 일어날 일, 오늘 또는 내일에 사로잡혀 있었다.

그의 쓸쓸하고 외로웠던 인생, 포기하고 단념해야 하는 게 많았던 인생, 그저 바라보고 쳐다보는 것으로 만족했던 인생, 항상 우울한 엄마와 단둘이 살면서 여자의 우는 소리가 지긋지긋해진 인생, 특별한 것도 흥분할 것도 없었던 인생, 그 인생의 끝에 한 사람도 자기 말을 알아듣지 못하면서 말을 하지도 못하게 하는 심판대에서 오해받고 매도되고 끌려나간다. 군중 가운데에는 증인의 눈물도 있고, 그들의 외침도 있고, 사실을 제대로 알고 싶은 이들의 직관도 있고, 변호도 있고, 동정도 있었으나 그의 운명에 어떤 힘도 내지 못했다.

살고 싶었던 뫼르소, 이런 식의 처형을 피하고 싶었던 뫼르소, 이렇게 죽을 이유가 없는 자에게 신부는 찾아와서 근본적 참회, 사실적 참회, 완전한 참회를 하라고 한다. 마침내 뫼르소는 폭발한다.

자기가 태어난 땅에서 살면서 마치 그 땅의 이방인처럼 살아왔다. 이방인의 삶이란 어떤 것인가. 그들은 대부분 조용히 뒤로 물러나 있다. 주류의 삶은 그들에게 힘들다. 어렵다. 거의 불가능하다. 뫼르소는 뛰어난 자질이 있었지만 가난했고, 아버지가 없었고, 어머니는 우울했고, 어머니의 메시지는 침울했고, 어머니와의 소통은 점점 사라지고 끝내 말없이 아들의 모습을 지켜보다가 요양원으로 보내진다. 왜 말없이 지켜보기만 했을까. 그 눈에는 원망 섞인 간절함이 있지 않았을까. 아, 상상만 해도 부담스럽다. 서로가 서로에게 이방인이 되어버린 가족. 그런데도 주어진 삶을 불평 없이 성실히 살아냈던 뫼르소는 신 앞에서 인생을 잘못 살았다고 인정하라, 그래야 천국을 갈 수 있다, 신이 함께 있었으나 네가 눈이 걸어보지 못했을 뿐이라는 신부의 말에 통곡하듯 발광하며 소리 지른다. 절규한다. 아니라고. 당신은 내 곁에 내내 없었다고. 없었으면서 아버지라 부르라고 하지 말라고. 이어지는 그의 말은 모두 그가 얼마나 외로웠는지 보여준다.

✤

한 번도 누군가를 붙잡고 이런 하소연을 해본 적이 없었다. 왜? 알았으니까, 소용없다는 것을. 바뀌는 게 없다는 것을. 의미 없고, 상관없고, 쓸모없고, 관계없고, 크게 달라질 게 없다는 말은 그래서 뫼르소의 입에서 자주 나왔던 것 같다. 이렇게 살아온 뫼르소에게 아버지이신 하나님이 너를 사랑하셨고 천국에서 함께 하실 것이니 너의 모든 죄를 고백하고 참회하라는 말이, 고독한 사색의 이방인을 미치게 만들었다.

  사람을 죽일 의도가 자신에게 전혀 없었으므로 한 발이든, 다섯 발이든 그건 중요하지 않은데, 아무도 그의 말에 귀 기울이지 않을뿐더러 어머니의 죽음 앞에서의 모습으로 자신을 악마로, 이미 살인이 잠재되어 있었던 자로 여겨, 자유와 생명을 빼앗으려고 하면서, 그래, 그렇게 이 인간 세상에서 나의 죄 짐을 지겠다고 작심한 나에게, 그거보다 더 중요한 게 있으니 바로 다음 세상에서의 자유를 위해 지금 근원적인 죄를 인정하라고 하는 말에, 뫼르소는 미쳐버린 것이다. 나는 신을 믿지 않으니 하나도 안 궁금하고 중요하지도 않다고, 잘못 살았다고 하지 말라고, 신이 있었다면 모두가 나의 불행에 무관심하여 나를 이방인으로 만들었겠냐고, 하나님 당신이 나를 이렇게 만들어 놓고 이제 와 잘못을 인정하라고 하지 말라는 외침이다.

  힘이 다 빠지도록 발악을 한 뫼르소는 깊은 잠에 빠지고, 잠에서 깬 후, 그는 달라져 있다. 이방인으로서가 아니라 그 땅의 주인으로 살아볼 마음이 비로소 준비된 것이다. 그 땅의 주인으로 사는 사람들 앞에서 곧 목이 잘려 죽을 운명을 앞두고, 늦어도 너무 늦었던 이 부르짖음이, 이제야 찾게 된 평화가 너무 가슴 아프다.

뫼르소의 가슴 깊은 곳에 있었던 이 이야기, 삶과 죽음에 관한 이야기, 아버지와 아들에 관한 이야기, 어머니와의 이야기, 왜 살아야 하는지, 무엇을 위해서 살아야 하는지, 사람은 왜 이렇게 공허한지, 왜 이렇게 채워지지 않는지, 자신은 왜 불행했어야 했는지, 단념하고 포기하는 것 외에 다른 살길은 없었는지 물어보고 얘기하고 싶은 게 얼마나 많았을 것인데, 왜 이제야, 왜 이제서야 물어준단 말인가. 누가 이방인의 외침을 들을 것인가. 누가 신의 귀가 되어 그들의 부르짖음을 들을 것인가. 그저 외쳤을 뿐이다. 이방인의 혀는 기어코 풀려서 자기 속에 얼러붙은 응어리를 소리로 쏟아냈을 뿐이다.

《이방인》의 마지막 페이지를 그대로 옮겨 쓰고 싶다.

나는 당신을 이해할 수 있을 것 같다는 말을 이제라도 전하고 싶다. 잠든 이 여름의 굉장한 평화가 밀물처럼 내게로 밀려왔다. 그때, 그 밤의 경계에서 뱃고동이 울부짖었다. 그것들은 이제 나와는 결코 상관없는 세계로의 출발을 알리고 있었다. 아주 오랜만에 다시, 나는 엄마를 생각했다.

그녀가 왜 삶의 끝에서 약혼자를 갖게 되었는지, 왜 그녀가 다시 시작하는 게임을 펼쳤었는지 이해할 수 있을 것 같았다. 거기, 그곳에서도, 삶이 꺼져 가는 그 양로원 주변에서도 저녁은 우울한 휴전 같은 것이었다.

그렇게 죽음에 인접해서야, 엄마는 해방감을 느끼고 모든 것을 다시 살 준비가 되었음을 느꼈을 것이다. 누구도, 어느 누구도 그녀의 죽음에 울 권리는 없다. 그리고 나 역시, 모든 것을 되살릴 준비가 되었음을 느꼈다. 마치 이 거대한 분노가 나를 악에서 정화하고, 희망을 비워낸 것처럼, 신호와 별들로 가득 찬 그 밤 앞에서, 나는 처음으로 세상의 부드러운 무관심에 나를 열었다. 그가 나와 너무도 닮았다는 것을, 그리하여 마침내 형제처럼 느껴졌기 때문에 나는 행복했었고, 여전히 그렇다는 것을 느꼈다. 모든 게 이루어질 수 있도록, 내가 덜 외로움을 느낄 수 있도록, 내게 남겨진 소망은, 내 사형 집행이 있는 그 날 거기에 많은 구경꾼이 그들이 증오의 함성으로 나를 맞아주었으면 하는 것이다.

여기서 돌발 퀴즈! 뫼르소의 마지막 독백에서 자신과 너무 닮았다고 하는 '그'는 누구일까? 정답은 저자 서문에 있다.

✢

이 작품이 주는 영감에 끌리지만 분석과 이해의 턱이 높다고 느끼는 독자들은 알베르 카뮈의 〈행복한 죽음〉과 제임스 M. 케인의 〈포스트맨은 벨을 두 번 울린다〉를 나란히 읽어보시기를 권한다. 케인의 작품에서 카뮈가 영감을 받아 〈이방인〉을 집필했다고 밝혔을 정도로 두 작품은 형식과 주제 면에서 닮아있다. 〈이방인〉보다 백 년 넘게 앞서 출간된 빅토르 위고의 〈사형수 최후의 날〉도 주목할 만한 작품이다. 뫼르소 캐릭터 이해에 도움을 받았다. 동일 작가의 작품이어서인지 〈행복한 죽음〉은 〈이방인〉의 해례본 같은 느낌을 준다. 비슷한 작품들을 이어서 읽어보면 생경함에서 오는 긴장이 점차 엷어지면서 어느 순간 이해의 눈이 열리기도 하는 법이니까.

모국어를 쓰는 나라에 살면서도 당신의 이야기를 아무에게도 꺼내놓지 못하고 산다면 어쩌면 당신도 이방인이 아니겠는가.

베란다에 의자를 내놓고 앉아서 오가는 사람들을 구경하던 뫼르소. 자신을 달래는 게 가장 쉬운 방법이었던 뫼르소, 그렇지만 생각은 많았던 뫼르소, 누가 주인공 아니랄까 봐 문장에 재주가 있었던 뫼르소, 외로웠던 날들 속에 숨어있는 추억을 소중히 간직했던 뫼르소, 한여름 저녁 무렵을 유난히 사랑했던 뫼르소.

나의 친구는 누굴까?

누구든 나의 친구가 될 수 있고, 친구라면 친구의 이야기를 끝까지 들어주고 싶고, 친구에 관해서 나의 이야기를 해주고 싶다. 나의 친구는 이 땅에서 이방인으로 살다 가지 않기를 바란다.

에밀리 브론테
Emily Brontë, 1818–1848

폭풍의 언덕
Wuthering Heights

The man who read

✤

　봄의 일본, 여름의 남아프리카공화국, 가을의 영국, 겨울의 핀란드.

　여기를 가보는 게 내가 십대 때부터 가졌던 꿈, 요즘 말로 하면 버킷 리스트다. 책이 나를 데려갔던 곳을 다 가고 싶지만 그럴 수는 없으니, 계절 별로 하나씩만 골랐다. 호기롭게 이 여행지들을 꼽아볼 때는 지금 내 나이쯤엔 다 둘러볼 줄 알았지만, 인생이라는 게 뭐 생각대로 되는 건 아니니까. 그래도 그렇지, 아직 한 군데도 못 가봤다. 지팡이를 짚고서라도 꼭 갈 거다.

　순서도 매겨놨는데 그중 1번이 가을 여행지다. 브리티시 단풍놀이를 꿈꾸는 건 아니고, 내가 제일 좋아하는 계절이 가을 중에서도 늦가을, 곧 겨울이 오려고 국화는 지고 서리가 내리는 그런 계절이다. 그때의 쓸쓸한 풍경이라면 지구상에서 좋지 않은 곳이 어디 있겠냐만, 어린 내가 처음 반한 쓸쓸한 풍경이 지금 소개하려는 책 《폭풍의 언덕》에 나온다.

인적 드문 낯선 곳, 세찬 바람이 불고 구름 끼고 천둥 치고 폭풍이 불어 어두컴컴해진 이국땅, 그 어딘가에 마음이 완전히 뺏겨서 언젠가 꼭 한 번 가보리라. 히스 언덕에 올라 그 세찬 바람을 나도 한 번 맞아보리라! 그러다 신나면 데굴데굴 굴러도 봐야지. 히스(Heath), 히스라는 풀은 어떻게 생긴 걸까? 무슨 향이 날까? 나의 가을 여행지를 생각할 때마다 이 낯선 이름의 풀까지 짝을 이뤄 내 가슴을 흔들곤 했다. 막연히 키 작은 억새겠거니 했는데, 네이버가 그건 아니란다. 책 읽기 참 좋은 세상이다.

✣

작가 에밀리 브론테는 매우 특이한 구조 속으로 독자들을 초대한다. 작품을 읽는 동안 한 편의 연극을 보는 것 같은 기분이 들었다. 두 집안의 삼대에 걸친 긴 이야기를 하는 동안 무대는 한 번도 바뀌지 않고, 같은 종류의 갈등이 점점 심해지면서 갈등이 터질 때마다 조명이 꺼지며 등장인물들이 하나씩 차례로 죽어 나간다. 의외로 여주인공은 일찌감치 죽고, 이를 받아들이지 못하는 남주인공의 날로 심해지는 횡포와 광기에 주변 인물들이 속수무책으로 당하는 꼴을 계속 지켜봐야 한다. 웬만한 성격이 아니면 끝까지 읽기가 쉽지 않다. 열 받아서 책장을 덮고 바람을 확 쐬고 와야 다음을 읽을 수 있을 것 같다. 속이 답답해서 폭풍의 언덕이 필요하다는 생각이 절로 든다.

모든 것이 작가의 매우 의도적인 설정 같다. 닫힌 공간에 등장인물들을 다 몰아넣고 오도 가도 못하게 만들어 독자가 그들의 선택을 지켜보게 만든다.

이 소설 속 인물들은 뒷심이 없다. 오직 한 인물, '히스클리프'만이 악의 화신인 양, 일관성 있게 모두를 괴롭히는 걸 보면 주인공은 누가 뭐래도 히스클리프다.

등장인물들이 다들 개성 넘치고 각자 사연이 있어서 인물이 등장할 때마다 각각 무게감이 상당하여, 이가 과연 히스클리프의 대항마가 될 것인지 독자의 관심이 이리저리 기울지만, 모두가 끝까지 철저하게 당하기만 하니, 이 작품은 악당이 주인공인 호러 혹은 스릴러인가 아니면 블랙 코미디인가 별생각이 다 들지만, 아니다. 결국 러브스토리다. 더 정확히는 '이루어지지 않은 사랑이 몰고 온 비극에 관한 이야기'이다. 로미오와 줄리엣, 데스데모나와 콰지모도, 오페라의 유령과 크리스틴, 그리고 여기에 히스클리프와 캐서린이 있다.

영국 북부의 한 마을, 사람들이 모여 사는 곳에서 뚝 떨어진 외진 곳에 4마일, 6.4킬로미터쯤이니까, 서울역에서 여의도 한가운데까지 도보로 1시간 40분쯤 걸리는 거리를 두고 두 집이 있다. 집에다 이름을 붙였는데 낮은 쪽에 있는 집이 '린튼' 가문의 소유 '드러시 크로스(Thrushcross Grange, 티티새가 지나는 농원)' 저택이고, 높은 쪽에 있는 집이 '언쇼' 가문의 소유 '워더링 하이츠(Wuthering Heights, 폭풍의 언덕)' 저택이다. 서울역과 여의도 사이에는 집이 수만 채 있지만 1800년대 영국 이 동네는 달랑 이 두 채가 전부다.

이 두 집이 작품의 무대다. 다른 곳으로 바뀌는 일이 없다. 《폭풍의 언덕》의 3대에 걸친 모든 생사고락이 이 두 집을 오가며 일어난다. 특이한 점은 이렇게 외진 곳에 달랑 두 집만 있어서 각별한 이웃사촌으로 지낼 만도 하건만 본격적인 사건이 시작되기 전에는 별 왕래 없이 소식만 듣고 사는 사이다.

두 집안 모두 작위가 있는 것은 아니지만 소유한 토지와 임야의 수익을 통해 저택에서 여러 하인을 두고 풍요로운 삶을 사는 데 부족함이 없다. 두 집 모두 비슷한 나이의 남매를 기르는 것도 같다. 조금 다른 점이 있다면 린튼 가는 아이들을 꽁꽁 싸서 응석받이로 키우는 쪽이고, 언쇼 가는 좋게 말하면 자유롭게, 정확하게 말하면 기준 없이 키우는 쪽이랄까.

어느 날, 이 한적한 마을에 한 꼬마가 등장한다.

줄거리 요약을 들어가기에 앞서 독자들의 이해를 돕기 위해 등장인물 간의 관계도를 그려보겠다. 등장인물이 많지 않지만, 결혼을 통해 성이 바뀌는 데다, 동명이인도 있고, 철천지원수인

데 알고 보면 사촌이다. '나의 아버지가 너의 외삼촌이고, 나의 엄마가 너의 고모'라는 식이다.

《폭풍의 언덕》 등장인물 관계도

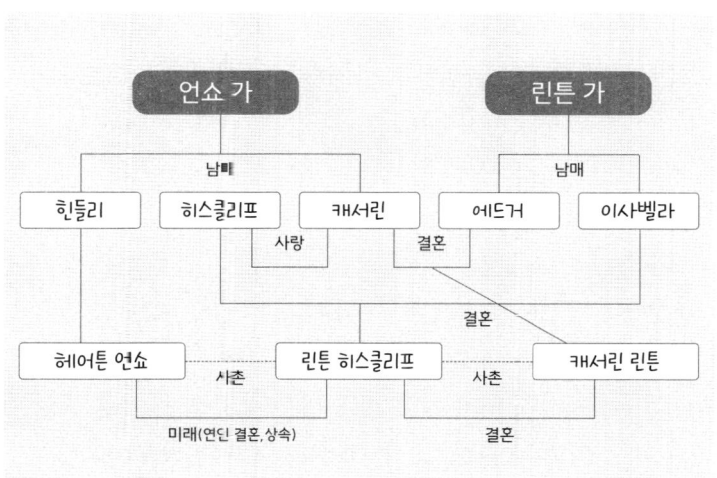

'히스클리프.'

부모가 누구인지도 모르고, 언제 어디서 태어났는지도 모르고, 벙어리처럼 말도 못 하는, 외모만 보면 집시가 분명하고, 거처도 없이 못 먹은 채로 리버풀 거리를 헤매고 있는 아이를 워더링 하이츠의 집주인, 언쇼 씨가 발견하고 그대로 버려두고 올 수 없어서 집으로 데리고 오면서 이야기는 시작된다.

언쇼 씨는 죽은 첫째 아들의 이름, 히스클리프를 이 아이에게 주면서 애정을 갖고 키우지만, 언쇼 부인과 이 집 도련님 '힌들리'는 이 아이가 그리 반갑지 않다. 왜 아니겠나? 충분히 이해가 가지만 작가는 이 이해를 언쇼 씨에게 주지 않는다. 오히려 히스클리프를 감싸고 자기 아들을 무시하는 언행을 일삼으니, 힌들리의 미움과 증오는 걷잡을 수 없는 지경에 이르고 이것은 고스란히 히스클리프를 괴롭혀 마땅한 이유가 된다. 히스클리프의 마음엔 또 그만큼의 원한이 쌓인다.

✢

한편 히스클리프는 이 집 아가씨 '캐서린'과는 보자마자 친구가 되어 세상 둘도 없는 단짝이 된다. 이 집 가풍에 맞게, 알프스 소녀 하이디와 그의 남친 패터 비슷하게, 둘은 온종일 들과 숲을 헤매고 돌아다니면서 천둥벌거숭이들처럼 자란다.

모든 등장인물 가운데 가장 개성 넘치는 인물이 이 집 딸 캐서린이다. 장난에 심술에 거만, 건방, 괴팍, 변덕, 응석이 가득한 말괄량이인 데다 누구도 따라오지 못할 눈부신 미모까지 가져버린, 언쇼 집안의 골칫거리 막내딸이다. 한편 후회도 많고, 눈물도, 웃음, 생각도 많아 책을 끼고 종이에 뭔가를 끄적이는 소녀이다. 누구의 손에도 쉽게 잡히지 않을 변화무쌍한 성격의 캐서린과 누구에게도 길들여지기를 거부하는, 편애와 학대의 양날로 한껏 날카롭게 자란 히스클리프. 이들은 서로가 서로에게 유일했으나, 우정인지 사랑인지, 애정인지 의리인지, 책임감인지 부담감인지 헷갈리기도 하고 전부 다이기도 했던 캐서린과 달리, 히스클리프에겐 처음부터 끝까지 오직 사랑이었다.

안락한 린튼 가와 야단법석인 언쇼 가의 평온한 거리 두기는 한 사건으로 인해 균열이 일어난다. 그날도 해가 지도록 온 들판을 싸돌아다니던 두 천둥벌거숭이는 우연히 린튼 가 저택 안을 들여다보게 된다.

세상에 이렇게 예쁜 집이! 분홍색, 흰색, 황금색, 은색, 촛불, 벽난로, 강아지, 쿠키 등의 이미지로 가득 찬 배경 아래 백옥같은 피부에 금발 머리를 한 린튼 가의 소공자, 소공녀를 보게 된 것이다. 서로가 서로에게 들켜 네 명의 어린이가 서로의 모습에 놀라는 사이 어른들이 나오고 천둥벌거숭이들은 도망을 치려는데, 그때 개가 캐서린에게 달려들어 발꿈치를 물어버린다. 물불 안 가리기로는 이 집 개와 별반 다르지 않은 히스클리프가 개의 주둥이를 잡고 돌멩이를 목구멍으로 밀어 넣는 사이, 하인들이 달려와 아가씨 캐서린은 냉큼 안아가고 히스클리프는 바깥으로 내쳐진다. 히스클리프는 잡혀간 캐서린을 구해 내려고 자기 머리만 한 돌을 들고 창문을 깨려는데, 집 안에서 캐서린은 사람들에 둘러싸여 온갖 극진한 대접을 받고 있다. 머쓱해진 히스클리프는 혼자 집으로 돌아오고, 캐서린은 발꿈치가 다 나을 때까지 3주를 그 집에 머물게 된다. 이렇게 떨어져 있던 몇 주가 모두의 운명을 바꾸는 시간이 될 줄이야!

송아지나 망아지, 혹은 강아지 비슷하게 자란 캐서린이었지만, 워낙 예민하고 예리하여 아주 잠깐이지만 자기 피에도 소공녀 DNA가 넘실거린다는 것을 재빠르게 깨닫고 적극적으로 호응했다. 그리하여 캐서린이 집으로 돌아올 때는 여느 양갓집 규수 못지않은 아리땁고 세련된 자태로 변모한 후였다. 이 모습에 히스클리프는 도망치고 만다.

✣

내가 어릴 적 살던 집에서 골목을 따라 나가면 찻길 건너 교회에 우리 식구들이 다 같이 다녔다. 마당이 크고 뒤쪽으로는 화단도 있고 잔디도 있고 언덕도 있어서 나는 방학이면 교회 마당에서 살았다. 아이들이 놀만한 곳이 별로 없던 시절이라 교회를 다니고 안 다니고를 떠나 그곳에는 늘 아이들이 놀고 있었다.

오징어 게임용 그림판은 흙바닥에 나뭇가지로 선을 하도 그어대서 새로 그릴 필요도 없이 굵고 선명하게 패여 있었다. 별별 놀이를 다 하다 보면 하나둘 아이들이 집으로 가고 끝까지 남아서 노는 악착같은 애들이 있기 마련인데, 다 교회 다니는 내 친구들이었다. 집이 교회랑 담을 나눠 쓸 정도로 가까워서 마음 놓고 노는 것이다.

그중에 아주 꼬마였을 때부터 같이 놀던 남자아이가 둘 있었다. 키는 늘 내가 머리 하나 정도 컸기 때문에 수틀리면 쥐어박아 가면서 놀았다. 그때까지 남자란 나에게 조금 다르게 생긴 사람 정도였는데, 어느 날 갑자기, 어제까지 찰랑찰랑하던 머리카락을, 곱슬곱슬하던 머리카락을 둘이 같이 박박 밀고 나타났다. 나는 그 겨울의 충격을 아직도 기억한다. 그날도 한 번 놀아볼 생각에 옷 든든히 입고 교회 마당으로 들어서는데 아이들 중, 이상한 두발 형태를 한 애들이 눈에 띄었다. 자세히 보니 내 친구들이었다. 어제 놀고 난 후에 엄마들이 아들들을 데리고 같이 미용실에 간 모양이었다. 중학교 입학을 앞둔 겨울의 어느 날, 나란히 머리를 밀고 나타난 내 친구들의 모습에 충격을 받아서 그 시로 3년간 나는 그 친구들이랑 말 한 번 안 섞고 지냈다. 내 옆에 있던 여자 친구들은 "쟤네 머리 봐" 하면서 킥킥대는데 나는 웃음도 나오지 않았다. 말없이 좀 지켜보며 서 있었는데, 지금 생각하면 나는 그날 예고도 없이 내 유년기의 막이 내리는 것 같은 충격을 느꼈다.

자신과 다른 신분의 사람임을 온몸으로 뿜어내는 캐서린을 보고 도망가버린 히스클리프가 충분히 이해된다. 여기에서 주의해야 할 것은 캐서린은 성장한 것이 아니라 다른 버전의 자신을 하나 더 장착하는 데 그쳤다는 점이다. 물론 캐서린 본인도 히스클리프도 이 점을 알지는 못했다. 히스클리프는 거리감을 느꼈을 것이고 캐서린은 자신이 어딘가 변한 것 같기도 하고, 변한 게 없는 것 같은 양가감정을 느꼈을 것이다. 비록 정확하게 인식하지는 못했지만, 캐서린은 어린 나이에 두 자아로 살아야 했기에 번민이 쌓일 수밖에 없었고, 어떤 결정에도 스스로 만족하지 못하는 일들이 반복되다보니 원래부터 불안정했던 성격은 날이 갈수록 정도가 심해진다.

양가 어른들은 아이들이 겨우 십 대일 때 다들 일찌감치 죽어 퇴장한다. 작가의 의도겠지만 이 어른들은 어른의 역할, 부모의 역할을 제대로 하지 않았다. 할 새가 없도록 만들어버려서인지, 지도와 선도의 모습이 보이지 않는다. 이들의 자녀들은 천성만 갖고 있을 뿐이다. 여리게 자란 린튼가 남매와 제멋대로 자란 언쇼가 남매.

그렇게 언쇼가 주인이 힌들리로 바뀌면서 양아들 비슷했던 히스클리프의 모든 자격은 박탈된다. 하루아침에 한낱 일꾼으로 전락해 사는 히스클리프를 지켜보던 캐서린은 고민에 빠진다. 이미 이때쯤엔 린튼 가 사람들과는 격조 있게, 자기 식구 앞에서는 제 맘대로 하는 이중인격이 자리 잡은 후여서, 에드거 린튼의 구혼을 받아들였지만, 도저히 무시할 수 없는 히스클리프의 존재가 마음속에서 해결이 안 되어 고민은 깊어진다.

이해는 한다. 이때 캐서린의 나이 겨우 열다섯이다. 자기가 어떤 사람인지, 어떤 사람일 수 있는지, 어떤 사람이어야 하는지 일러주는 사람 하나 없이, 과도한 자극 속에서 다듬어지지 않은 성정대로 살아도 누구 하나 말릴 수 없는 환경이었다. 게다가 캐서린은 심적 고통이 심하면 정신 착란과 간질 발작 증세를 보이기도 하여 모두가 캐서린을 건드리지 않으니, 독자들이 캐서린이라는 캐릭터를 이해하기에 어려운 면이 있다.

이 이야기를 들려주는 사람은 등장인물 모두의 친구이자 하녀요, 보모인 '넬리'이다. 내가 보기에 모든 등장인물 가운데 가장 정상적이지만, 권위가 없는 그녀의 지혜나 조언은 별 힘이 없다.

캐서린이 자신의 결혼에 대해 겨우 찾은 답이 에드거와 결혼하여 돈과 지위를 유지한 상태에서 히스클리프의 삶을 구해 내겠다는 것이다. 왜냐하면 히스클리프와의 결혼은 둘에게 아무것도 보장해 주지 않기 때문이다. 허무맹랑하고 허영에 가득 찬 생각이다. 사랑이 뭔지 모르는 것이다. 남자에게 있어서 사랑이 어떤 건지 철없는 캐서린은 몰랐다. 어떤 남자가 사랑하는 여자가 베푸는 이런 배려를 받아들이겠는가. 이런 배려를 받아들인다면 그건 남자도 아니다. 등신이요 머저리다. 캐서린의 이런 얼토당토않은 소리를 히스클리프는 엿듣게 되고, 사랑에 버림받았다고 생각한 그는 그 길로 워더링 하이츠를 떠난다.

아버지가 돌아가신 후 가문의 주인이 된 힌들리는 사랑하는 여자와 결혼했지만, 첫아들 출산 후 아내는 죽고, 린튼 가문으로 시집간 캐서린도 첫딸을 출산한 후 죽는다. 한편 린튼 가문의 딸, 애드거의 동생 이사벨라는 3년 만에 새사람이 되어 돌아온 히스클리프에게 반해 결혼하지만, 이 결혼은 복수극 시나리오의 일부분일 뿐이었다. 그녀는 결혼과 동시에 자신에게 쏟아지는 학대를 못 이겨 집을 나가 히스클리프의 아들을 낳아 키우다가 낯선 땅에서 죽는다. 즉, 두 집안에 시집온 세 여자가 아이를 낳고 다 죽고, 이제 남자들과 그들의 아이들만 남았다. 한 세대가 가고 그다음 세대가 온 것이다.

난 이쯤에서 회의가 들었다.

'이 사람들이 다 왜 이러고 사나?'

도대체 이해가 안 되는 사람들이다. 내가 총 맞아 죽은 개츠비도 이해하고, 총으로 사람을 쏴 죽인 뫼르소도 이해했는데, 도대체 사지 멀쩡한 아버지들이 왜 이러고 사는지 정말 못 봐주겠다.

'그래, 사랑에 목숨을 걸었다 쳐. 근데 부인들이 다 죽었잖아! 그러면 자식을 잘 키울 생각을 해야지. 하는 짓이 술주정에 도박이오, 아니면 울타리 안에 아이를 가둬 키우는 게 전부라니.'

너무 한심하다. 앞으로 어떤 일이 벌어질지 다 보이는데 이렇게 무책임하고 무능할 수가 있단 말인가. 이 난리를 치면서 사느니 나 같으면 집 팔고 전답 팔고 선산 팔아서 아무도 모르는 데로 가서 조용하게 살겠다. 이사 가는 게 그렇게 어렵나? 집

두 채를 두고 이 무슨 짓들이란 말인가. 어디 가서 무슨 짓을 한들 내 자식 하나 못 키울까. 집에다 이름 지어놓고 그 아들에 아들이, 또 그 아들에 아들이 이어 살아야만 하는 이유도 없으면서 왜 이들이 모욕과 오욕의 삶에서 못 벗어나는지 정말 이해되지 않았다.

부글부글 끓어오르는 뭔가를 쓸어내리는 중에 이것도 작가가 바라는 증상이 아니겠나 싶은 생각이 들었다. 가문의 재산과 지위에 묶인 남자들이, 그리고 그 남자들에 묶인 여자들이 사는 법을 에밀리 브론테가 얼마나 많이 관찰했을까. 달리 무슨 뾰족한 수가 현저히 희박했을 그 시대를 고려하면, 이렇게 답답하게 구는 사람들을 이해 못 할 것도 아니다만, 그들이 다만 남과 여를 떠나 부모였음을 생각하면 별로 이해하고 싶지 않을 정도로 실망이다. 탄식은 여기까지 하고 이야기를 이어가자.

한때 총명했고 지식욕 있는 아이였건만 남의 집에 얹혀살면서 학대받고 노예처럼 일만 하느라 어렸을 때 가졌던 영민함을 다 잊어버리고 거칠고 사나운 성품과 외모만 남아 사랑하는 여자와 도저히 격이 맞지 않았던 히스클리프. 워더링 하이츠를 뛰쳐나간 후 3년 동안 어디서 무슨 일을 하며 무엇을 보고 배웠는지, 신사요 부자가 되어 돌아와서, 워더링 하이츠 저택도 드러시 크로스 저택도 다 갖고, 자기를 학대했던 힌들리도, 캐서린을 차지했던 에드거도 다 망하게 하는 복수극에 성공한다.

그의 복수는 거기에 그치지 않고 태어난 세 아이의 운명까지 자기가 원하는 대로 끌고 가버린다. 이 기막힌 복수에 속수무책으로 당하던 힌들리가 죽고, 또 캐서린의 남편이었던 에드거 린튼도 죽고, 병약했던 히스클리프의 아들까지 자기의 의무(에드거와 캐서린의 딸인 '캐서린 린튼'과의 결혼)를 다하고 일찍 죽어 모두 퇴장한다.

이제 남은 사람은 히스클리프, 힌들리의 아들, 그리고 캐서린의 딸이다. 힌들리의 아들을 짐승처럼 키우고, 캐서린의 딸을 며느리로 삼아 모든 재산을 자신의 것으로 만들고 결국 두 가문을 쑥대밭으로 만들어버린 히스클리프. 워낙 결혼을 일찍 하고 바로 아기를 갖고, 또 일찍 유명을 달리하는 바람에 3대에 걸친 이야기에 긴 시간이 걸리지 않는다. 이때 히스클리프의 나이 겨우 사십 정도니. 긴긴 이야기면서 맴맴 도는 서사는 여기서 끝이 난다.

✥

전체에 내려진 조명은 이제 끄고 히스클리프에게만 조명을 비춰 보자. 대여섯 살 정도의 집시 꼬마, 부모도 없이 거리를 헤매고 있는 이 아이가 벙어리처럼 말을 못 했다는 걸 보면 다른 언어를 쓰는 곳에서 자라다 버려진 것인지, 어디서 잠을 자고 끼니를 때우고 사는지. 아무도 관심 두지 않던 두렵고 막막한 세상에 구원의 손을 내밀었던 한 어른. 그 어른을 따라 무작정 갈 수밖에 없었던 아이. 한 가정의 일원이 되어 살지만, 외고로는 이 집안 아이가 아님을 누가 봐도 알 수 있다. 그렇게 아들 같지만, 아들은 아니고, 형제 같지만, 결코 형제가 아닌 자로 자란다. 이유 없이 두둔하는 이들과 이유 없이 미워하는 이들 사이에서 히스클리프가 마음을 붙인 곳은 세상에 단 한 사람, 캐서린뿐이다. 그의 인생에 처음이며 유일한 상대였다.

캐서린은 누구나 사랑할 만한 아가씨가 아니다. 오히려 모두의 혼을 다 빼놓는 성질 사납고 제멋대로인 날카로운 아가씨다. 에밀리 브론테는 사랑스러운 여주인공 대신 이해할 수 없는 캐릭터를 만들어 놓고 그녀 하나만 바라보는 히스클리프의 사랑을 대조시킨다. 히스클리프가 캐서린의 어떤 면을 사랑하는지 작품에 나와 있지 않다. 오히려 작품에는 캐서린 때문에 상처받고 혼란에 빠지는 사람들의 이야기가 가득하고, 히스클리프도 예외가 아니었음에도 그는 사랑하기를 멈추지 않는다.

그의 처음. 한 마리 짐승 같은 꼴로 나타나 집안사람들의 아연실색 가운데 서 있던 그와 친해질 수 있었던 캐서린. 어떤 이는 편애하고, 어떤 이는 냉담하고, 어떤 이는 두시하고, 어떤 이는 구박하고, 어떤 이는 학대하는 중에 유일한 친구가 되어주었던 캐서린. 대여섯 살 꼬마였던 이들은 함께 손을 잡고 벌판을 달리고 바위를 오르고 숲속을 돌아다니며 어떤 웃음을 터뜨렸을까.

요즘으로 치면 이런저런 병명이 붙고도 남았을 캐서린이 아버지의 호통에 깔깔깔 웃어대다 더 혼나고, 힌들리에게 멱살이 잡혀 끌려간 곳에서 주먹질, 발길질을 당해도 눈물 한 방울 흘리지 않던 히스클리프였다. 둘이 오른 히스 언덕에서 세찬 바람을 맞으며 말없이 앉아 있으면서 서로가 서로에게 위로가 되는 그런 시간이 이들에겐 있지 않았겠는가. 사랑의 언어, 사랑의 손길 없이 나란히 앉아 자기 눈물은 자기가 닦더라도 함께 시간을 보낸 사이. 꼬마들이 자라서 소년이 되고, 소녀가 되고 더 자라서 청년이 되고 아가씨가 되도록 함께 오르던 언덕, 거기에서 보던 풍경, 해를 쬐고 비를 맞고 천둥소리를 듣고 눈밭을 헤매던 동안 그들만의 말 없는 소통이 과연 무엇이었는지 소설에는 나와 있지 않지만 짐작해 볼 수는 있다. 자기의 처음을 그녀에게 주면서 전부를 함께 주었던 히스클리프, 그는 이미 이때부터였을 거라고 독자들은 짐작할 수 있고, 안타깝게도 캐서린은 죽음에 가까이 이르러서야 자기의 마음도 오직 사랑이었음을 알게 된다. 두 번째 자아의 부질없음을 인정하고, 이를 버렸던 것이다.

✣

캐서린의 죽음은 작품의 절반도 오지 않는 지점에서 일어난다. 작품의 후반부는 홀아비가 된 세 남자가 각자 자기 자식을 키우는 모습을 보여준다. 캐서린이 죽어가면서 낳은 딸, 어머니의 이름을 물려받은 캐서린 린튼, 언쇼 가의 유일한 후계자이자 힌들리의 아들 헤어튼 언쇼, 그리고 이름 자체에 한이 가득한 히스클리프의 아들 린튼 히스클리프. 이 세 아이들이 변하지 않은 배경 속에 어른들의 증오까지 더해져 한층 더 고착된 갈등의 희생양이 된다.

아버지의 지극한 사랑과 세심한 교육을 받고 자란 두 번째 캐서린은 어머니를 닮은 듯하나 전혀 다른 존재다. 그녀는 폐쇄적인 환경에서 과보호 속에서 자란 단점에도 불구하고 자신의 운명을 쥐고 있는 히스클리프에게 굴하지 않고 맞서는 유일한 인물로 성장한다. 몸과 마음이 허약한 린튼 히스클리프는 모두가 자신을 보호하고 지켜줘야 한다는 자기애와 아버지의 복수극 도구로 사는 자기 연민에 빠진 이기적이면서도 무능한 인물로 자란다. 어찌 보면 가장 불쌍한 아이가 헤어튼 언쇼가 아닐까. 어머니는 자기를 낳고 바로 돌아가시고 아버지는 그 충격으로 삶을 포기한 상태로 살면서 아이에게 학대를 가한다. 언쇼 가의 유일한 자손으로 원수가 집안에 들어와서 주인 노릇을 하고 그자의 손에 철저하게 집이 망해가는 것을 다 보면서 자랐다. 지난날 히스클리프처럼 딱 그렇게 교육도 못 받고 노예처럼 일만 하면서.

이 세 아이의 운명을 제 맘대로 주무르면서 마침내 복수를 완수한 히스클리프. 그의 의기양양함 앞에서 패전의 기색이란 없는 캐서린 언쇼의 딸, 캐서린 린튼. 그녀는 현재 모욕적이게도 그 집 며느리이자 결혼과 동시에 과부가 되어, 하녀 노릇을 하고 있지만 절망이란 없다. 고분고분하지도 않지만, 기죽을 것도 없이 주어진 환경 속에서 자기의 삶을 산다. 그러다 한 마리 짐승처럼 자란, 현재 이 집안의 하인인 헤어튼 언쇼가 눈에 들어오고 자기 이름도 못 읽는 그에게 글자를 가르쳐준다.

이 두 사람, 어머니와 아버지가 남매였던 사촌 사이가 아니던가. 운명이 이렇게까지 뒤틀렸건만 민족적 특징인지 한국 문학에서는 찾아보기 힘들게 엄청 쿨하다. 나는 독약을 만들 테니 너는 칼을 갈아라 식의 비장함이란 없다. 2대1이니 뭉치면 살고 흩어지면 죽는다 식도 아니다. 더럽고 치사한 운명을 받아들인 듯 살면서 시간 날 때 하녀와 하인이 선생과 제자가 되어 글을 익힌다.

누군가에게 뭔가를 가르쳐본 적이 있는가. 배우는 자에게 다가온 득도의 순간, 그 순간의 기쁨은 선생만이 안다. 캐서린과 헤어튼은 같이 발을 구르고 손뼉을 치고 웃음을 터트리고 소리를 지르게 된다. 이 모습을 히스클리프가 본다.

자신의 복수가 모두 헛수고였을 깨달은 히스클리프는 이날부터 시름시름 앓다가 결국 죽음에 이르고, 닫혔던 문이 열리고, 막혔던 곳이 뚫리고, 어두웠던 곳에 빛이 들어오는 해피 엔딩으로 작품은 끝이 난다.

그 옛날 까막눈이자 반벙어리 히스클리프를 들판에서, 바위에서, 숲속에서 눈을 뜨게 하고 입을 열게 해주었던 이가 캐서린이었던가. 불행한 인생의 첫 햇빛이었던 소녀에게 마음을 붙이고 결코 뗄 방법을 몰랐던 한 남자의 이야기. 둘 다 그때에서 자라지 않았고 그 언덕을 떠나지 않았고 서로를 놔줄 줄 몰랐으니, 삶에 한없이 서툴렀던 이유를 죽음에 이르러서야 스스로 이해한다.

작품 속에 나오는 모든 커플은 서로에게서 안식을 얻지 못한다. 그들은 모두 부유했으나, 성숙한 인격이 결여되거나, 서로 신뢰하지 못하거나, 사랑 그 자체의 부재로 불안하고 불행했다. 마지막으로 남은 커플, 히스클리프에 의해서 모든 것을 빼앗기고 빈털터리가 되어 물려받을 것도 없고 손에 쥔 것도 없고, 배운 것도, 할 줄 아는 것도 없는 이 커플만이 서로가 서로에게 줄 수 있는 한 가지를 주고받으며 기쁨에 찬 웃음을 터트려 복수의 화신의 전의를 완전히 상실하게 만든다.

✦

　에밀리 브론테는 무슨 이야기가 하고 싶었던 것일까? 사랑이 이루어지지 않는 이유. 캐서린에게는 안락한 삶에 대한 걱정이 있었다. 계급사회 속에서 여성이 계급이 낮은 이와 결혼하여 가난을 벗어날 방도란 없었다. 여기에 캐서린의 고민이 있었다. 이 고민이 사랑이 결혼이라는 단계로 가는 과정에서 매우 합리적이고 이성적인 요소인 것 같지만, 그보다 더 근본적인 요소는 자기 자신에 대한 정확한 인식, 바로 이것이다. 자기가 누구인지, 어떤 사람인지, 자기 자신이 되기 위해서 무엇이 꼭 필요한지 인식하는, 최소한의 씨앗 정도는 가지고 있어야 한다. 내가 없이 어떻게 타인을 사랑할 수 있겠는가. 그러나 등장인물 대부분은 내적으로 영글지 못한 상태다. 겉으로 보기에는 다 자란 것처럼 보여 결혼도 하고 한 사람의 남편도 되고 아내도 되고 누군가의 엄마도 되고 아빠도 된다. 그러나 그들은 이 무한책임의 세계 속에 떨어지자 매우 빠른 속도로 속에서부터 곪기 시작했다.

　매우 흔한 사랑 이야기의 요소를 에밀리 브론테는 매우 극적인 인물을 매우 극적인 상황 속에 넣고 독자들을 고민하게 만든다. 이런 생각도 해보았다. 우리가 히스클리프라는 인물을 받아들이기 어려운 이유는 그가 하는 사랑을 비슷하게라도 본 적이 없어서는 아닐까. 누가 나의 죽은 몸까지 사랑하여 차마

흙에 묻히는 것을 코지 못하고 아무도 몰래 무덤을 파내어 차갑게 식은 나의 몸을 안고 울어줄 것인가. 누가 혼자 누워 있을 내가 안타까워 그 옆에 같이 나란히 누워 나를 감싸줄까. 오직 한 여자를 사랑함에 있어 이토록 자기 자신을 아끼지 않는 남자가 있을까. 우리는 본 적도 없고 경험한 적도 없어서 거부감이 드는 것인지도 모르겠다.

오늘날, 사랑이 이루어지지 않는 이유는 무엇인가? 사랑을 미루고 사랑을 변하게 하는 이유는 무엇인가? 이 작품이 세상이 나온 지 200년이 다 되어간다. 사회도 바뀌었고 상황도 달라졌는데 사랑이 이루어지지 않는 이유는 크게 다르지 않은 것 같다. 외적 요소와 내적 요소 중 어떤 게 더 중요한가. 캐서린은 언제 어디서 용기를 내야 했을까. 히스클리프는 무엇이 달랐어야 했을까. 그 고민을 하라고 아직도 이 책이 읽히는 것이 아닐까.

서머싯 몸
W. Somerset Maugham, 1874–1965

달과 6펜스
The Moon and Sixpence

The man who read

❖

둘 다 은빛으로 반짝이는 동그라미 오브제. 하나는 닿을 수 없는 곳에 있고, 다른 하나는 내 호주머니 속에 있다.

'한 가난한 예술가가 추운 겨울, 런던의 한 골목길을 걷다가 유난히 밝은 그 밤의 달을 올려다본다. 호주머니 속에 잡히는 6펜스짜리 동전을 꺼내서 휘영청, 은빛으로 반짝이는 둥근 달을 보며, 그 달 위로 거리를 잘 조절해서 동전을 꼭 맞게 포개어본다. 달이 나오게 했다가 동전으로 다 덮어버렸다가 달을 봤다가 동전을 봤다가 ….'

내가 상상해 본 장면이다. 이 작품이 이런 장면으로 이해되고 있는 것 같아서다. '달'은 무엇이고 '동전'은 무엇일까? 꿈과 돈, 예술과 실생활, 이상과 현실을 의미하는 것일까.

이 작품의 주인공이 예술가로 알려져 있기에 우리가 이 제목에 갖는 선입견이다. 오히려 달과 6펜스를 '남자와 여자, 남편과 아내'로 보는 건 어떨까.

내게는 이 작품을 이런 각도에서 볼 때 더 또렷한 초점이 맞춰졌다. 이 각도로 작품을 읽어나가다 보면, 어느 순간 또 다른 각도에서도 하나의 메시지가 계속 들려오고 있다는 것을 알게 된다.

'본질적 차이에서 오는 소통의 불가능.'

우리는 모두 이 세상에 홀로 존재한다. 황동탑 속에 갇혀, 오직 기호로만 다른 사람과 의사소통하고 있을 뿐이다. 그러나 그 기호는 공통의 가치라고는 전혀 없어 그 의미가 애매하고 불확실하기만 하다. 우리는 가련하게도 우리 마음속에 있는 소중한 것들을 상대방에게 전하려고 애쓰지만, 상대방은 그것을 받아들일 능력이 없다. 그러므로 우리는 서로를 알지 못하고 이웃과 나란히, 그러나 쓸쓸히 살아가는 것이다.

우리는 의사소통이 전혀 되지 않는 나라에 사는 이방인과 같아서, 상대방에게 전할 아름답고 심오한 생각을 지니고 있으면서도 회화책에 나오는 관용어만을 사용한다. 그들 이방인의 머릿속에는 여러 생각이 소용돌이치고 있는 대로 할 수 있는 말은 고작 '정원사 아주머니의 우산이 집 안에 있다'라는 정도의 표현뿐이다.

마치 알베르 까뮈의 《이방인》을 해석해 놓은 듯한 이 문단은 서머싯 몸의 《달과 6펜스》에 나오는 구절이다. '달과 6펜스'는 무엇을 의미할까.

✢

이 작품은 한 천재 화가의 인생에 관한 이야기다. 물론 허구의 인물이며, 화가 폴 고갱의 삶에서 모티브를 가져온 정도이다.

매우 극단적인 유형의 주인공, '찰스 스트릭랜드'가 등장하여 독자의 이목을 집중시키지만, 그의 선택과 삶과 죽음만을 주목하여 단순하게 줄거리만 읽고 만다거나, 꿈과 현실, 타협과 포기 사이에서 갈등하는 예술가의 운명을 기대하며 읽기에는 그렇게 단순한 작품이 아니다. 실제로 주인공인 예술가의 내면에서는 전혀 이런 갈등이 일어나지 않는다. 오히려 이 예술가의 내적 갈등이 전혀 없음으로 인해 주변인들과의 갈등이 있을 뿐이다. 갈등 또한 복합적이다. 남편과 아내, 남자와 여자라는 구조 속에서만 일어나는 갈등이 있고, 사람 대 사람 간의 보편적 갈등이 하나 더 있다.

작가는 '사람 간의 의사소통 불가능'이라는 구조 안에 '사랑과 결혼이라는 관계에 들어간 남녀'라는 구조를 하나 더 넣어 소통 불가의 최고치를 그려내고 싶었던 것 같다. 여기까지만 해도 벌써 가슴이 답답한데, 이 복잡한 구조에 들어간 사람이 남자이고 예술가인 데다 소통은 고사하고 이해 불가에 가까운 인물이다. 그러나 작가는 영리하게 비상식, 무도덕에 가까운 주인공의 대척점에 상식과 양식, 도덕과 윤리, 게다가 매너까지 갖춘 영국 신사인 화자를 세워놓았다. 그렇게 독자들이 할 말을 화자가 대신한다. 대신 열 받고, 대신 따지고, 대신 외면하고, 대신 비난한다.

이런 구조의 소설을 읽을 때 주의점이 있다면, 화자의 서술에 작가의 철학이 담겨 있단 점이다. 이 서술이 작가가 세상을 향해 외치고 싶은 메시지다. 초보 독자들이야 스토리 전개에 빠져서 이런 서술은 건너뛰기 십상이지만, 스토리는 그저 스토리일 뿐, 우리가 고전 소설을 통해서 배워야 할 것들은 대부분 이 서술 속에 담겨 있다.

대부분 화자들은 일반적인 양심과 상식을 가진 인물로 그려지고, 전개 과정에서 모두가 난색을 표하는 주인공의 괴상한 면들이 화자의 시선과 이해의 과정을 거치면서 비로소 독자들은 주인공과 그의 삶을 납득하게 된다. 줄거리만 추린다면 아주 얇은 책자로도 충분하겠지만, 의외로 이 책은 두껍고 읽을거리는 많다. 이제까지 소개한 책들이 세계문학의 반열에 오른 이유가 다 여기에 있다. 서술 속에 보석이 가득 들어 있어서 읽고 또 읽어도 배워 갈 것이 또 나온다.

이렇듯 화자가 균형을 잡아주는 덕분에 이 무지막지한 캐릭터, 찰스 스트릭랜드의 마지막을 지켜볼 수 있고, 화자의 예리한 관찰과 깊은 사색 덕분에 이리저리 얽힌 갈등의 본질을 이해할 수 있다. 소설을 읽는 이유가 바로 여기에 있다.

'인간 이해.'

결말에 가서 주인공은 마침내 갈등이 없는 남녀관계 속에서 생을 마감한다. 이것이 가능했던 이유는 원주민 아내에게는 문명이 닿지 않아서라고 보인다. 제국주의 시대 열강의 남자였기에 가질 수 있었던 출나의 낙원이었다. 이런 의미에서 본다면 '달과 6펜스'는 '원시와 문명'이라는 의미도 포함할 수 있다.

✢

찰스 스트릭랜드, 우리의 주인공이다. 나이 사십에 예술을 하겠다고 처자식을 내팽개치고 유학길에 오른 중년 남자. 도피성 유학이 아님에도 그는 도피의 방법을 택했고, 여기에서 이야기는 시작된다.

오직 이 남자의 이야기로 작품이 시작되고 끝을 맺으므로 '예술에 인생을 건 한 남자의 이야기'라고 볼 수도 있지만, 좀 더 넓게 보면 찰스 스트릭랜드의 이야기가 흘러가는 중에 여러 커플의 이야기가 같이 흐르고 있음을 알게 된다.

제일 처음은 런던 커플 스트릭랜드 부부, 그다음은 파리 커플 스트릭랜드와 블란치, 마지막은 타히티 커플 스트릭랜드와 아타. 스트릭랜드를 중심으로 세 커플의 이야기가 흐르는 중에 사이사이 다른 커플들의 이야기도 등장한다.

'커플'이라는 단어를 쓰지만 대부분 부부 사이다. 작품 속에서 다양한 남녀관계와 주인공을 중심으로 인간관계를 보게 될 텐데, 이들이 어떤 면에서 소통이 막혀 있는지 그 결과 무슨 일이 초래되는지, 또 어떤 관계가 소통이 잘 이루어지는지 살펴보는 것이 관전 포인트다.

제일 처음 소통의 불가능에 부딪히는 이는 화자이다. 그는 대형 사고를 치고 런던에서 파리로 도망친 남의 집 가장(스트릭랜드)을 잘 달래서 집으로 돌아오게 만드는 임무를 받고 파리로 간다. 중년 남자에게 불쑥 찾아온 회의, 여기에 불을 지른 묘령의 여인, 이 둘이 벌인 불륜 행각이 선을 너무 넘은 거지, 그러나 하해와 같은 마음을 가진 안방마님은 그동안 성실했던 남편의 실수를 한 번은 봐주겠다며 화자를 체포조로 보낸 것이다.

불륜의 현장은 언제나 화려한 법, 파리 시내 제일 고급스러운 호텔을 예상하며 찾아 나서지만, 예상을 완전히 벗어난 뒷골목 후미진 지저분한 호텔 방에서 그와 만난다. 여기서부터 시작되는 상식과 비상식의 대화를 읽게 되는데, 너무 재밌다! 나도 이렇게 한 번 얘기를 해봤으면 할 정도로.

얼마 전까지 영국 신사였던 남자, 현재는 불륜남으로 몰린 찰스 스트릭랜드는 현재도 영국 신사인 화자와 솔직담백한 대화를 이어나간다.

'불륜? 내가 미쳤나? 사랑? 내가 시간이 남아도는 줄 아냐?'

이런 식의 대답 끝에 화자는 그가 정말 오직 그림을 그리기 위해 파리에 왔다는 것을 알게 된다.

✧

내 비록 득도의 경지에 오른 예술가는 아니지만, 글을 쓰는 문자예술을 하는 사람으로서 예술에 대해서 한마디 하고자 한다. '도대체 예술이 밥 먹여주냐?'고 묻는 이들의 이해를 돕기 위해서다.

예술이 아니면, 즉 글로 풀어서 써놓지 않으면, 내 마음속을 휘젓고 다니는 이 괴로운 상념에서 내가 놓여나지 않기 때문이다. 그것이 깨달음일 수도 있고, 고백일 수도 있고, 참회일 수도 있고, 다만 기록에 그친다 해도, 써야 다 드러나고 써야 다 밝혀지는 것들이 있으니, 써서 꺼내놓아야, 써서 묶어놓아야, 써서 태워버려야, 써서 찢어버려야, 써서 떠나보내야 비로소 그 상념에서 놓여나 밥숟가락을 들 수 있다. 맞다. 이런 면에서는 예술이 밥을 먹여준다. 나를 붙들고 놔주지 않는 상념이라는 것이 어디에서 오는지, 어떤 순간에 오는지, 누구에게서 오는지 다 세지는 것도 아니다. 어느 순간 내 정신이, 내 마음이 어떤 토네이도에 갇힌 것 같아서 아무것도 할 수 없이 붕 떠올라 어디에

2부 운명의 갈림길에서 189

곤두박질쳐질지 모르게 불안하기만 하다. 그럼 써야 할 때다. 이 회오리에서 벗어나려면.

모든 것을 버리고 그림을 그리기 위해 떠난 주인공은 이런 말을 한다.

"난 그림을 그릴 수밖에 없소."

구석기 시대부터 지금까지를 한 줄로 그려보자. 대충 250만 년 전부터 약 1만 년 전까지를 구석기 시대라고 치고, 1만 년 전부터 신석기, 청동기 살짝 거치고 B.C. 1500년경 철기 시작. B.C. 753년 로마제국 건설. B.C.와 A.D.가 나뉘고, 1760년에 산업혁명이 일어났다. 여기까지만 봐도 사람이 사람처럼 제대로 옷이라도 입고 산 거는 아주 최근 일이다. 구석기가 얼마나 길었는지 실감이 나는가. 249만 년이라는 감도 오지 않는 긴긴 세월 동안 인류는 구석기인으로 살았다.

약 250 대 1의 비율로 나눠진 줄 위에 사건을 적으면, 겨우 1만 년 전부터 갑자기 시작된 변화는 우리가 세계사를 통해 배우는 굵직굵직한 사건들만 쓰려고 해도 칸이 모자랄 정도로 뒤가 빽빽하게 채워져서 한글 창제나 임진왜란이나 일본 강점기, 한국전쟁은 고사하고, 제1차 세계대전이나 겨우 쓰고 나면, 달 착륙이나 아이폰 개발 같은 현대인에게 있어 도저히 양보할 수 없는 사건도 쓸 자리가 없다. 뭘 좀 써넣으려고 신석기 1만 년 칸을 늘리면 구석기 249만 년 칸이 얼마나 늘어나는지, 노트

나 스케치북으로는 안 되고 벽 한 면을 다 써야 한다. 이렇게 그려놓고 보면 신석기 시대가 내 눈에는 말세의 시작으로 보일 정도다.

갑자기 왜 역사 이야기를 꺼냈느냐면, 우리가 결코 떠나서는 살 수 없는 문명 세계, 그 문명을 이르고 있는 관습, 그 관습을 따라 사고조차 매여 있는 현대인, 그들은 무엇을 보고, 무엇을 느끼고, 무엇을 다결하고, 무엇으로 사는지와 같은 질문을 이 책이 던지고 있기 때문이다.

✣

주인공의 영국인 아내는 구색을 갖춰 결혼했고 구색에 맞춘 삶을 살고 있다. 무언가에 어울리는 뭔가를 끊임없이 찾아서 집을 채우고 자신을 채우고 삶을 채운다. 그러나 남편이 어떤 꿈을 가졌는지는 전혀 알지 못한다. 비밀이었기 때문일까. 가장의 의무를 성실히 행하는 이상, 그 어떤 불만도 없이, 그가 어떤 사람인지 더 알고자 하는 깊은 사귐 따위는 안중에도 없다. 그녀는 자신을 떠나는 이유가 다른 여자를 사랑해서라면 몰라도, 그림을 그리기 위해서라는 이유를 더 모욕적으로 받아들이는 사람이다.

두 번째, 파리에서 만난 여인은 자아가 끌렸기에 주인공을 선택한다. 그 선택을 의해 남편과 가정을 버린다. 모든 것을 바친다. 상대가 원하는 것은 외면한 채 자기가 주고 싶고 줄 수 있는 것으로 헌신하며 그를 길들이려 한다. 이는 철저하게 자아의 만족을 위한 것이었기에, 끝끝내 자신이 받아들여지지 않음을 알게 되자 바로 목숨을 끊어버린다.

여자가 남자를 사랑할 때면 그의 영혼까지 소유해야 만족하거든. 여자는 약하니까 어떻게든 지배권을 쥐려고 날뛰는 것이지. 거기에 조금만 미치지 못해도 불만스러워하지. 마음이 좁아서 자기가 이해할 수 없는 추상적인 일은 싫어한단 말이야. 물질적인 것에만 몰두한 나머지 정신적 이상에 대해서는 시기한 거야. 남자의 영혼은 무한한 우주를 배회하지. 그러나 여자는 자기 영혼을 가계부만 한 틀 속에 가두려 한단 말이야. 내 아내를 기억하고 있잖소. 블란치 역시 이런저런 계교를 조금씩 부리기 시작하는 것을 나는 알았고. 참으로 끊임없는 인내심을 발휘해 내게 올가미를 씌우려 들더란 말이야. 나를 자기 수준으로 끌어내리려고. 나를 위할 생각을 조금도 하지 않고 오직 자기 것으로 만들려고만 했을 뿐이오. 나를 위해서는 무슨 일이든 하려 했소. 내가 원하는 단 한 가지, 나를 혼자 내버려두는 일을 제외하곤 말이오.

요즘 어디 사람 많은 데 가서 이런 소리 하면 찰스는 여성들에게 혼이 날 거다. 서머싯 몸은 여자한테 단단히 질린 적이 있었는지 굳이 남과 여의 구조에 소통 불가능이란 소스를 들이붓고 있다. 어디 여자라고 다 그런가. 또 남자라고 다 찰스같이 생각하는 것도 아니다. 그러나 나도 여성이지만, 이 찰스의 호소가 다 틀린 말은 아닌 것을 겸허히 인정한다. 여성과 남성을 넘어서서 인간으로서 함께 나아가야 할 방향이 있는 것은 분명하나 여성에게 이 한계적 특징이 있는 것을 여성인 나는 인정한다. 반백 년 넘게 살면서 본 게 사람이다. 동물, 식물, 사람 중에 뭘 많이 봤겠나. 압도적으로 사람이다. 그중 반은 여자였다. 여자만의 특징은 여자가 더 잘 안다.

이 두 여인과 비교되는 것이 제3의 여자, 타히티에서 만난 원주민 여자이다. 문명을 버리고 떠나온 주인공은 문명을 모르그자란 '아타'를 만나 비로소 안식을 얻는다. 그가 여자에게 원한 오직 한 가지, '자기를 가만히 내버려두기'가 마침내 이 맨발의 여인에게서 이루어진 것이다.

어떤 이들은 자신이 태어나야 할 곳이 아닌 곳에서 태어나기도 한다는 생각이 들 때가 있다. 자기가 태어난 곳에서 그들은 오히려 이방인이라는 느낌만 들고, 그래서 오래전부터 알던 잎이 무성한 오솔길이나 어린 시절 뛰어놀던 북적거리는 골목길도 그들에게는 다만 한순간 스쳐 지나가는 곳일 뿐이다. 때때로 인간이 신비롭게도 자신이 속해야 한다고 느끼는 어떤 장소를 우연히 발견하기도 한다. 그곳이 바로 그가 찾아 헤맸던 고향이다. 그런 까닭에 한 번도 본 적이 없었던 풍경 속에서, 일면식도 없는 사람들 속에서 정착해 살면서도 그 모든 것이 마치 그가 태어나면서부터 친숙했던 곳인 듯 마음이 편안해지는 것이다. 이곳에서 그는 마침내 마음의 휴식을 얻는다.

대륙의 끝, 그것도 반도의 끝에 살면서 동족상잔의 비극이 가져온 한반도의 운명은 '출구 없음'이 아닌가. 내 두 다리로 걸어 어디로든 발길 닿는대로 갈 수 있는 자유가 우리에게는 없다. 헤매고 방황하고 방랑할 수 있는 자유를 이 땅은 우리에게 주지 않았다. 선조들에게는 분명히 있었을 이 자유가 우리에게는 없다는 것이 무엇보다도 불행하다. 방랑의 자유가 주는 이 우연한 조우, 내 운명이 속한 곳이, 내가 태어난 곳이, 내가 사는 때가 '지금, 여기'가 아닐 수 있음을 알려주는 이 기이한 경험. 이런 초현실성이 필요충분조건인 인간이 바로 예술가이다. 내 발이 밟고 다닌 곳에서 보고 들은 모든 것이 내 안에서 끓고 있는 아름다움, 그 완전함을 향한 갈망을 만나 내 입과 손을 타고 밖으로 기어이 나오려고 하는 것이다. 이런 사람에게 고독, 혼자 있음이란 또한 필요충분조건이니, 우리의 주인공이 혼자 있기 위해 그렇게 필사적이었던 이유를 이해할 수 있다.

그러나 남편으로서 역할을 기대한 영국인 아내와 자기 남자의 역할을 그에게 기대했던 프랑스인 여인은 이 사실을 받아들일 수 없었다. 다만 그가 자기 옆에 존재하는 것만으로 만족했던 원시의 여자만이 그에게 이 조건을 채워줄 수 있었다. 이 지점에서 고민할 수밖에 없었다. 문명을 떠나야만 진정한 사랑을 할 수 있는 것인가? 물론 아니다. 그럴 리 없다. 그러나 이렇게 생각해 볼 수는 있다. 나의 사랑이 문명화되어 있는 건 아닌지. 나라와 법, 정치와 행정, 관습과 제도의 성장과 발달 위에 문명인으로 살면서 사랑, 그것마저도 그래야만 하는 것으로 둘러싸인 문명화의 결과가 되어 있지는 않은지.

나 역시 한 여자. 문명사회 여자로서 작가의 질문 앞에 솔직해져 보기로 한다. 여자는 문명사회에서 더 약한가 아니면 원시 사회에서 더 약한가. 여자는 자기에게 속한 남자가 없이 어느 사회에서 사는 것이 더 힘든가. 그 사회가 여자에게 바라는 것은 무엇인가. 그것이 무엇이라고 여자는 인식하는가. 도대체 무엇이기에 여자는 이토록 자기 자신에게 집중하지 못하는가.

이 작품에서 세 여성 모두 주인공의 예술적 운명을 이해하지 못한 것 같다. 차이가 있다면 문명 여성들은 그 남자의 운명을 인정하지 않고 바꾸려 했으며, 원시 여성만이 그의 운명을 그대로 받아들였다. 그가 한센병이 들고도 치료를 거부하고 그림단 그려도, 두 눈이 멀고도 작품 앞에만 앉아 있어도 원시인 아내는 남편을 말리지 않았고, 한센인 가족이 겪어야 하는 온갖 고초를 달게 받았고 마침내 그의 죽음을 옆에서 지킨다. 이 지독한 에고이스트가 믿었던 유일한 여자, 원시인 아내에게 자기가 죽고 난 후 자기 작품을 다 태워 달라고 부탁한다. 그녀는 그의 부탁대로 모두 불태우고 자기의 길을 떠난다. 딱 한 번, 그의 뜻을 따르지 않았는데, 병에 걸린 것을 안 주인공이 살길을 찾아 떠나라고 했을 때다.

당신은 내 남자고 난 당신 여자예요. 당신이 가는 곳은 어디든지 따라가겠어요.

화자는 물론 문명인이고, 의학 공부를 한 사람이고, 지금은 글을 쓰고 있다. 주인공이 영국에서 주식 중개인으로서 제법 자리 잡은 성공한 중산층 인물이었을 때부터 그를 알게 되어 그가 나이 사십에 이 모든 안정된 생활을 버리고 파리로 그림을 그리러 떠나면서 그의 삶에 억지로 끼어들게 된 사람이다. 화자는 문명인의 보편적 사고방식의 대변자가 되어 극단적 인물인 주인공과 자주 대립하며 인정사정 봐주지 않고 그를 몰아세운다.

그러나 시간이 흐르고 사건이 발생하고 그와 설전을 벌이며 그를 알아갈수록 화자는 그 누구보다 주인공을 인정하게 된다. 현실과 타협하지 않는 예술가에게 돌아오는 비참함 앞에서도 굴하지 않고 헐벗고 굶주리고 추위에 떨고 떠돌아다녀도 타인을 이용하지 않고, 피해를 주지 않고, 다만 혼자 있게 해주기를 바랄 뿐이었던 그의 일관성을 화자는 존경하기에 이른다.

영국을 떠나면서 한 번, 파리에서 그를 도와주는 친구를 배신하면서 한 번 더. 작가는 스트릭랜드를 이해할 수 없는 인간형으로 몰아가지만 이런 부분 역시 표면적 이야기에만 초점을 두지 말고, 이면에 숨어 있는 등장인물들의 인간성을 주의해서 읽어본다면 작가가 드러내고 싶은 것을 마침내 볼 수 있을 것이다.

화자와 주인공의 설전을 읽으면서 '나는 누구와 한 번 이렇게 신랄한 대화를 나눠보았던가' 더듬어 보았다. 누가 이렇게 솔직할 수 있을까. 나는 가능할까. 이런 대화가 길게 이어지는 것이 신기할 정도였다. 한두 번 오가면, 이미 서로에 대해 무장을 하기 시작한다. 진단이 이루어졌기에. 이런 대화에서 주인공은 마치 문명인을 대하는 원시인처럼 답하는데, 그 답이 나는 참 속 시원했다. 내가 이런 답을 해도 나를 오해하지 않는 친구가 내게도 있었으면 좋겠다. 나를 속단하지 않고, 미리 재단된 자기만의 틀에 맞춰 나를 오려내려 말고, 내 말의 의미를 제대로 파악하여 웃음이 터져 나올 때는 웃고, 열이 차오를 때는 '빽' 소리 지를 줄 아는 대화 상대가 내게도 있었으면 좋겠다.

✢

 세월이 길게 흐르지도 않았건만 원시림 속에서 소리 없이 죽어간 주인공의 그림은 천재의 작품이 되어 온 유럽을 들썩이게 한다. 이때, 이 일을 대하는 런던 가족들의 모습을 마지막으로 그리며 작가는 작품을 매듭짓는다. 자기들에게 좋을 대로 해석하고 갖다 붙이며 진실을 가리고 허상을 그려내는 모습에 침을 뱉고 싶지만, 숨기고 가장하는 것, 문명화의 부작용에 나도 그다지 자유롭지 않다. 1919년에 출간된 이 작품에서 서머싯 몸은 마지막 구절을 이렇게 쓴다.

 그는 단 1실링으로 맛있는 영국산 귤을 13개나 살 수 있었던 시절을 생각하고 있었다.

 세월이 흐르면서 변한 것, 문명화된 것, 즉 그것이 당연하다고 지금 모두가 믿는 것이 얼마 전만 하더라도, 단돈 5천 원으로 귤 13개를 살 수 있었던 시절에는 전혀 그렇지 않았다는 것을 말하면서 끝을 맺는다.
 '문명화.'
 연 단위로 문명화가 이루어지는 우리에게 우리 안 어딘가에 살아 숨 쉬는 태곳적 숨결을 한번 찾아보라고, 적어도 사람과 사람 사이에, 사랑하는 남자와 여자 사이에, 그것도 결혼이라는 것을 생각할 정도로 깊이 사랑하는 두 인간 사이에 '당연한 것, 그래야 하는 것'은 없는 거라고, 좀 더 자유롭게 생각하라고 말해주는 작품이 아닌가 하여, 삼면은 바다요, 한 면은 38선인 한반도 모든 남녀에게 이 책의 일독을 권한다.

블라디미르 나보코프
Vladimir Nabokov, 1899–1977

롤리타
Lolita

The man who read

✤

　인생이란 얼마나 불가항력적으로 외로운 것인지. 이것을 모르고 헤매는 이들을 불러 고독한 운명을 회피하지 않고 마주하도록 돕는 일이 소설의 본분이었나. 용기는 없고 변명은 많은 내가 비겁과 손을 잡고 외면으로 일관하다 도저히 감당이 안 되면, 도망을 치는 수밖에…. 짐가방을 싸자. 책 한 권을 골라 가방에 쑤셔 넣기 전에 습관대로 한번 펼쳐본다. 눈이 닿은 아무 곳에서부터 읽어가면, 아, 나는 또 어느새 쭈그려 앉아 책 속에 빠진다.

　소설 속 등장인물들은 하나 같이 목에 칼이 들어와도 자기 살고 싶은 대로 산다. 그들은 외로운 따위는 안중에 없다. 그런 건 출생의 필수 옵션이라는 듯. 누가 뭐라든, 결과가 어떻든 자신의 생을 자기 식대로 불태운다.

　이들의 이야기를 읽으면서 내 마음속에 생기는 갈등. 책은 나에게 묻는다. '어디 가려고?' 나는 대답한다. '그러게.' 책이 말한다. '네가 도망치고 싶은 건 여기가 아니라 운명인 걸 누가 모른다고. 잠을 좀 자는 게 어때?' 책 속에 끌려들어 갔다 나온 피로 탓인가. 잠이 쏟아진다. 한숨 푹 자고 나면 나는 거짓말처럼 만사가 괜찮아 보이고, 콧노래를 흥얼거리고 냉장고를 뒤져 요리를 하고 내가 만든 음식이 맛있어서 기분이 좋다. 아이들을 불러 함께 먹으며 내 자식들이 들려주는 이야기에 배꼽 잡아가며 웃어젖힌다.

영화나 소설 중에 소재의 선정성과 폭력성에 관심이 쏠려서 주제가 가려지는 경우가 있다. 《롤리타》도 그중 하나로 보인다. 나 역시 이 소설을 읽기 전에 작품을 읽지 않은 대다수 사람이 가진 편견을 갖고 있었다. 그렇고 그런 종류의 이야기라고 생각했기 때문에 더 자세히 알고 싶지도 않았고, 이와 비슷한 언급이나 장면이 나오는 사건이나 혹은 영화들은 보기도 싫어했다. 너무 충격적이니까. 사람이라면 그럴 수는 없어야 하니까. 그 어린 영혼에게 그토록 잔인할 수는 없으니까.

그럼에도 이 작품을 한 번 읽어봐야겠다고 생각한 것은 한 영화배우 때문이다. 영화 〈데미지〉에 출연한 제레미 아이언스. 나는 젊은 시절 영화를 멀리했다. 혼자 있고 조용한 것을 좋아하는 나로서는 수백 명이 한 공간에서 귀청 터질 것 같은 소리로 영화를 보는 것은 감상이 아니라 고문에 가까웠고, 무엇보다 같이 다니는 사람과 영화 취향이 안 맞았던 이유가 컸다. 이런 나에게 OTT 서비스 시대가 열렸으니. 아직도 안 본 명작이 너무 많아서 한껏 행복하다.

제레미 아이언스는 영화관을 안 다니던 그 시절에 드물게 몇 편 본 영화에서 처음 만난 배우였다. 〈다이하드 3〉에서 그는 악역을 '맡은' 배우가 아니라 진짜 악당 같았다. 진짜 나쁜 놈이라는 인상을 품고 십수 년이 흐르고, 아니 더 흘렀나? 〈데미지〉라는 영화를 혼자 집에서 봤는데 악역 이미지가 너무 강해서 영화에 몰입이 안 되었다.

'여기서도 천하의 나쁜 놈일세!'

혀를 끌끌 차다가 마지막 장면에서 그의 연기에 한마디로 뽕 가버렸다. 후회와 그리움과 슬픔과 고독이 가득한 눈으로 아들과 아들의 연인이자 자신의 연인이었던 여자와 함께 찍은 사진을 바라보는 모습. 그 연기에 매료되어 그 영화를 여러 번 봤고, 여러 번 보는 중에 감독이 관객에게 전하고 싶은 메시지를 알아보았고, 제레미 아이언스는 정말 연기를 잘하는 배우이며, 수트핏이 가장 멋진 배우라는 것도 알게 되었다. 이후에 그가 나오는 영화는 믿고 보는 팬이 되었다. 그래서 보게 된 영화 중 하나가 〈롤리타〉였고, 역시 그는 내 믿음을 배신하지 않았다. 영화를 본 후에 나는 책을 읽어봐야겠다고 마음을 먹었다.

✤

 '계부의 어린 딸 능욕'이라는 19금을 훌쩍 넘어선 인간성 파괴 수준의 소재에도 불구하고, 유교적 도덕과 기독교적 윤리라는 고성능 필터를 2중으로 내장한 나 같은 1급수도 무리 없이 섞여 들어갈 만큼 작품의 전개는 유려하다.
 작가인 블라디미르 나보코프는 천재가 분명한데 영리하기까지 하여 겁도 없이 반인륜적 소재를 선택하더니 최종 목적지에 당도한 독자의 면전에 '어린아이를 보호하고 존중하라'는, 소재와 정반대 교훈을 들이댄다. 《롤리타》의 진정한 독자는 마지막에 만나는 이 흔한 교훈 앞에서 뜨거운 눈물을 흘리게 된다. 그게 이 작품의 힘이다.
 작가는 독자들의 상태를 잘 알고 있다. 작가가 보편적 도덕성을 갖고 있기 때문에 말도 안 되는 이야기를 억지 논리와 설득으로 무장하여 독자를 끌고 가는 짓은 하지 않는다. 소아성애증이라는, 이름 지어주는 노력도 아까운 미친 짓에 대한 전제와 결말을 깔아놓고 이야기는 시작된다. 이 책으로 인해 도저히 수용할 수 없는 것에 나도 모르게 설득되는 것은 아닐까 하는 불안과 부담은 내려놔도 된다. 비틀어지고 비뚤어진 성적 취향만큼이나 상식의 균형을 가진 주인공의 내적 충돌과 병증을 극복하려는 피나는 노력, 이 모든 것이 한순간에 무너지는 극적인 순간, 영혼을 팔아버린 타협, 그것은 곧 자기 파괴였고, 받는 이가 원치 않는 것을 주는 일은 곧 사랑이 아니었으므로 지독한 외로움으로 남게 되고, 그 자리에서 비로소 자신이 저지른 짓의 본질을 마주하는 주인공을 우리는 지켜보게 될 테니까.

이 책은 대대로 내려오는 비법으로 짜낸 레이스 같다. '이걸 어떻게 사람 손으로 했지?' 나 같은 사람은 아무리 궁리를 해도 시작점 하나도 못 찾고 입만 떡 벌리고 서서 레이스 천의 화려한 무늬에 감탄만 할 뿐이다. 실 하나 들고 머릿속 완성본을 따라 복잡하고 미려한 무늬를 짜내듯, 펜과 머리로 이 놀라운 이야기를 짜냈다. 이 길고도 복잡하면서도 아름답고 가슴 아픈 이야기를 말이다.

이 러시아 출신 미국 작가는 독자들을 태우고 롤러코스터를 거침없이 운전한다. 흥미진진한 시작, 훅 떨어지는 첫 번째 경고 구간, 어떤 이는 웃고 대부분은 아우성치는 절정 구간, 그 와중에도 찾아오는 지루한 구간, 기다렸다는 듯 이리저리 비틀어대며 정신 못 차리게 간들고, 마지막을 향해 가는 안도와 아쉬움, 천천히 들어오다 마침내 내려야 할 때의 씁쓸함으로 이어진다.

내가 이렇게 작품 설명으로 바로 들어가지 못하고 비유에 비유를 거듭하는 이유가 있다. 구슬이 서 말이라도 꿰어야 보배이지 않은가. 내가 이제부터 꿰어야 할 구슬은 서 말이 아니라 세 가마니쯤 되는 것 같다. 일단 이 작품이 받는 오해부터 털어내는 데 시간이 걸렸고, 한 남자의 인생을 시작부터 끝까지 대기해야 하는데 먼저 읽은 독자의 입장에서 **뺄** 부분이 거의 없고, 빼자고 들면 남는 부분이 거의 없어서 여간 난처한 게 아니다. 그래서 나는 어쩔 수 없이 후자를 선택하였으니 내가 진정으로 원하는 것은 열흘 밤낮이 걸려도 우리 다 같이 구슬이 꿰자는 것임을 알아주시기 바란다.

야한 장면의 야한 표현으로 범벅이 된 내용을 기대한다면 이 책을 내려놓으시라. 그런 부류의 책이 아니다. 1부와 2부로 나뉘어져 총 69장의 제법 두꺼운 이 책은 1부의 10장까지가 도입 부분이다. 여기에 모든 열쇠가 다 들어 있으니 세심하게 읽으며 비밀의 문을 열 열쇠를 다 찾기를 바란다. 여기까지 읽으셨다면 1부 끝까지 가보기를 추천한다. 복선과 암시를 놓치면 읽는 재미가 떨어지는 그런 작품이 아니다. 오히려 처음부터 모든 윤곽을 드러내고 시작하는데 뒤로 갈수록 점점 자세한 무늬까지 볼 수 있게 해주는 식이다.

책 읽기 훈련이 된 독자라면 1부는 한 자리에서 읽을 것이다. 너무 재미있어서 손에서 내려놓기가 쉽지 않다. 지친 목과 **뻑뻑**한 노안만 아니면 2부로 바로 들어가고 싶을 정도였다. (이 원고를 다 써놓고도 문득문득 나 스스로 믿기지 않았다. 혹시 내가 나이 들고, 산전수전 겪고 볼 꼴 못 볼 꼴 다 보고 사느라 내장 필터가 심하게 오염됐나, 그래서 너무 봐주고 있는 건가 싶은 의심이 드는 것이다. 마음을 단단히 먹고 정신을 똑바로 차리고 세 번째 책을 들었을 때도 감동은 여전했다. 마감이고 뭐고, 너무 재밌어서 계속 읽었다.)

2부는 역시 2부답게 반전과 복수, 후전과 진실, 목숨을 건 대결전, 그리고 후회, 눈물, 통곡으로 끝난다.

누가 이 아름다운 소설에 주홍 글씨를 새겼을까. 편견을 갖게 하고 멀어지게 만들고 읽지 못하게 만든 주름은 도대체 누구일까. 작품을 제대로 읽은 독자일 리 없다. 소아성애증을 앓는 한 인간의 광기 어린 향락을 그린 소설이 아니라 평범한 가정에서 평범하게 자라 평범한 어린 시절을 보내는 것이 얼마나 소중한지를 말하면서, 인간과 사랑이라는 주제에 관해 깊은 성찰을 갖게 하는 오히려 매우 규범적인 소설이다.

특별한 시대에 태어나 그 시대에 가능했던 교육과 경험을 쌓은 작가가 쓸 수 있었던 특별한 소설이라는 생각이 든다. 작품 전체에 흐르는 과감하고 자유로운 기운에 경탄을 금치 못했다. 러시아 작가 특유의 익살은 이 작품에서도 여전해 나는 배꼽을 잡았다. 순전히 내 취향일 수 있지만 나는 러시아식 코미디에 미친 듯이 낄낄거린다.

고전의 반열에 오른 작품을 쓴 남자 작가들은 여자보다 여자를 더 잘 아는 초능력을 가졌다는 공통점이 있다. 여자의 외면은 물론이요, 표정과 손짓, 몸짓에 담긴 무의식적 의도와 마음 저 깊은 곳에 숨겨둔 내밀한 욕심까지 다 포착해 낸다. 세상에 얼마나 다양한 여자들이 있는가. 여자라는 한 종에 속한 수

많은 종류를 나열할 수 있음은 물론이요, 평범 속의 비범, 비범 속의 평범까지 다 집어내어 허구의 한 인물로 만들어내지만, 결코 허구의 인물이 아닌 것은 누구보다 여성 독자들이 잘 알 것이다.

  나보코프 역시 그러하다. 그는 여자 관찰을 소녀까지 확장하여 여자인 나도 몰랐던 내 소녀 시절을 돌아보게 했고, 여자아이들의 철없음과 대담함과 발칙함에 가까운 그들의 세계를 고발하고, 그들에 대한 어른들의 무지와 무관심을 폭로한다. 러시아 귀족으로 태어나 유럽에서 공부하고 미국에 이민한 남성 작가가 그후 100년 뒤에 한반도 끝에 태어난 내가 본 여자들을 자기 눈으로 본 것처럼 그려낸다. 이 보편성을 집어내어 인물에게 생명을 주는, 그리고 그 모든 인생에 연민을 더하는 이 작가는 한 번 보면 잊을 수가 없는 특별한 인물임에 틀림이 없다.

✢

  자, 이제 작품 이야기를 해보자.
  작품이 시작되기 전에 머리말이 나온다. 여기서부터가 작품의 시작이다. 지어낸 말이라는 것이다. 진짜 작가의 말은 작품이 끝나고 제일 뒤에 나온다. 이런 것까지 시시콜콜하게 안내하는 이유는 다 줄거리 분량이 너무 없을 까닭이다. 남자 주인공이 감옥에 갇혀서 그동안의 죄의 범행 동기와 목적을 수기로 기록하고 원고를 변호사에게 넘기며 언젠가 사건 당사자들이 모두 이 세상을 떠나고 나면 출판할 수 있다는 계약을 맺었으나 예기치 못하게 같은 해에 남자 주인공은 구금 상태에서 관상동맥혈전증으로, 여자 주인공은 분만 도중 목숨을 잃었으니, 예상보다 일찍 이 책이 세상 빛을 보게 되었다.

주인공은 특별한 유형의 여자, 소녀 중에서도 본인이 정해놓은 매우 좁은 범위의 특정 유형의 소녀를 좋아하게 되는 이유를 자신의 첫사랑 경험 때문이라고 말한다. 소설 도입부에 주인공과 그의 첫사랑 이야기가 나온다. 이 대목을 십 대 초반에 한 계절 풋사랑을 나눴을 뿐인 철부지들, 나아가 호적에 잉크도 안 마른 것들, 더 나아가 전두엽에 피도 안 마른 것들이라고 생각한다면 책을 잠시 덮어야 한다. 이들의 사랑에 대한 공감, 아주 깊고도 무르익은 공감이 우선되어야 이후에 주인공이 받은 충격이, 박제가 되어버린 그의 첫사랑이, 그 나이의 그런 소녀에게만 끌리는 이유를 따라가 볼 수 있다.

500년 유교숭배 국가의 후손인 우리는 현재 천지개벽한 세상에 살고 있지만 지금도 십 대의 사랑에 관해서는 그 가능성은 몰라도 그 진지함에 대해서는 취급도 해주지 않는다.

작품의 배경인 1950년대 미국은 70년 뒤인 현재 우리나라와 비슷한 정도의 성 개방 사회가 아니었나 싶다. 그럼에도 롤리타가 6학년 때부터 시작한 성교 놀이는 선을 넘는다. 이래서 우리

조상님들이 '남녀칠세부동석'을 그렇게 외치셨나 보다.

'조상님들도 뭘 봤겠지. 뭘 알았겠지. 그러니 그런 황당한 가르침을 목에 핏대를 세워가며 가르쳤겠지.'

이런 생각이 들 정도로 롤리타와 친구들은 발라당 까진 아이들이었다. 여기서 내가 얘기하는 십 대의 사랑은 롤리타보다 한 세대 앞섰던 주인공 험버트가 십 대였을 때, 그가 나눈 사랑을 말한다. 소년 험버트와 소녀 애너벨은 잔인하기만 한 감독과 단속을 받고 있다. 아이들은 무지하고 몽매하며 서투르고 어리석으니, 둘의 만남은 언감생심, 사랑은커녕 서로에 관한 관심조차 입에도 못 올린다. 험버트와 애너벨은 여름철 휴가지에서 만나 한철을 보낸 사이였을 뿐이지만 서로를 사랑했다. 그런 애너벨이 곧바로 병으로 죽으면서 험버트의 사랑, 그리고 그의 인생에 균열이 일어나기 시작한다.

71년생인 나는 남녀칠세부동석이 살짝 비껴가는 교회라는 무풍지대를 끼고 자랐다. 하지만 거기만 벗어나면 나도 어림 반 푼어치 없었다. 서로 관심 있는 것 같으면서도 끝없이 으르렁거리며 싸우는 여자아이들과 남자아이들. 나는 멀찌감치 떨어져서 그들을 구경하며 속내를 알 수 없는 여자아이들의 표정과 화법을 연구하고, 친오빠들과 비교하면 조막만 한 남자아이들의 힘자랑을 비웃었다.

게다가 학교에는 남존여비라는 어이없는 차별까지 남아 있었다. 우리 집으로 말하자면, 우리 엄마도 차별 없는 밥상에서 자라신 분이다. 그러니 나는 차별이 없을 뿐만 아니라 역차별을 당하는 오빠들을 보고 자랐다. 내가 속한 어느 곳에서도 겪어보지 못했던 황당한 차별을 초등학교 교실에서 겪다니…. 이런 내 눈에 남자애가 여자애를 때린다던가, 괴롭히는 게 보이면 이성보다 주먹이 먼저 나갔다. 멱살을 잡고 내동댕이쳐줬다. 나, 키가 좀 컸단 말이지.

이랬던 철천지원수 사이가 중학교 입학과 동시에 완전히 다른 역학관계로 돌입하게 된다. 이름하여 사춘기. 험버트와 애너벨, 그리고 롤리타 나이다. 남자애들을 두들겨 패고 다닐 때는 나한테 관심도 없던 우리 엄마가 갑자기 내 일거수일투족을 감시하기 시작했다. 틈만 나면 나를 앉혀놓고 '연애하면 인생 조진다' 식의 강의를 하셨다. 또래 남자들은 쳐다도 못 보게 하니 만만한 게 학교 총각 선생님이었다.

나랑 내 친구들은 롤리타 나이고, 학교 총각 선생님들은 어른 험버트 나이. 롤리타가 험버트 아저씨에게 반해서 이런저런 장난을 치고 졸졸 따라다니고, 눈만 마주치면 전기가 번쩍하는 것도 충분히 이해된다. 이러니 우리 첫사랑의 시작은 대부분 학교 총각 선생님 정도였다. 여고로 올라가면 더 노골적이다. 곧 성인이 된다는 거지. 장차 선생님과의 더욱 발전된 관계를 구체적으로 짜고 있는 친구를 어디 한두 명 보았던가. 내 눈에도 예뻤던 내 친구들. 화장기 하나 없이도 윤이 나고 광이 나는 얼굴들, 그들의 순수한 미소, 꾸밈없는 웃음, 설렘과 부끄러움이 가득 담겼던 두 눈. 우리의 첫사랑 선생님들은 도망가기에 바쁘고 우리를 늘 귀찮아하신다고만 생각했는데 나이가 들어 돌아보니 꼭 그렇지도 않았던 것 같다. 그 나이가 얼마나 예쁜 나이인가.

소녀는 겨우 이 정도 경험, 즉 짝사랑만 실컷 하다가 성인이 된다. 게다가 옛날엔 무슨 결혼을 그리 일찍들 했는지, 결혼 적령기를 코앞에 두고 그제야 남녀 간 제대로 된 사랑의 방정식을 배우기 시작하니 잘 될 턱이 있나.

중학교 입학과 대학교 졸업 사이에 육체적 성장이 눈부신 만큼 정서적, 정신적, 지성적, 이성적 성장도 그러한가. 나는 별로 그렇지 않았다. 오히려 저절로 자라는 육체를 따라가기 벅찰 정도로 나의 정신적 성장은 무언가에 가로막혀 있었다. 열서너 살 부근에 성장점을 베어내거나 틀어막고 국영수나 달달 외우고, 그러면 좋은 대학 가서 멋진 인생을 사는 어른이 된다지만, 너무 앞뒤 안 맞는 가르침 아닌가. 이런 현실성 없고, 대책 없는 가르침을, 인생을 살만큼 살았다는 어른들이 서슴없이 해댔다.

내 나이 스무 살, 과연 어른이었는가? 아니. 그때로부터 삼십 년이 더 지난 지금에서야 나는 제대로 된 어른이 된 것 같다. 스무 살이 저절로 어른이 아니듯 십 대라고 어디에도 끼지 못할 애송이라고 볼 수 없다. 나의 스무 살에 찾아온 첫사랑이 진지하고 애절했다면 누군가의 열세 살 첫사랑도 당연히 그럴 수 있다. 스무 살 첫사랑을 평생 잊지 못한다면 누군가는 열세 살 첫사랑에서 벗어나지 못할 수 있다.

 십 대는 아무 생각이 없는 나이가 아니다. 십 대는 십 대로서 존중받아야 하는 나이다. 어린아이 취급을 한다면 어린아이로 남는다. 어른 대접을 해줘야 한다는 것이 아니라 한 인간으로서 존중받고, 그 나이에 맞는 따듯한 배려와 현명한 안내가 필요하다. 《데미안》의 싱클레어도, 《수레바퀴 아래서》의 한스도, 《호밀밭의 파수꾼》의 홀든도 십 대의 고민이 결코 무가치한 것이 아님을 보여주며 이들이 받는 푸대접에 가까운 무관심과 부속품 역할만을 요구받는 것이 얼마나 큰 상처를 주는지 우리는 알고 있다. 우리 역시 그렇게 자랐다. "나중에. 다 커서."

 그러면 묻고 싶다.

 "당신의 성장은 다 커서 다시 이어졌는가? 한 사람을 사랑하기에 부족함 없는 인격으로 자랐는가?"

 여기까지가 《롤리타》 1부 1, 2, 3, 4장까지의 이해를 돕기 위한 나의 긴 잔소리였다.

✣

주인공 험버트.

러시아 귀족 출신 작가가 만든 인물답게 유럽 방식의 온갖 고상한 것을 삶으로 실천하고 있는 인물이다. 게다가 미남이다. 삶의 전반에 걸쳐 그의 취향은 상당히 고급스럽고 따라서 그의 안목은 남다르다. 그러나 그는 열세 살 첫사랑의 혼령에게서 벗어나지 못해 그녀의 연장선에 있는 소녀들만 보면 두근대는 몸과 마음을 달래느라 남몰래 진땀을 닦아야 하는 초조한 남자다. 이 병증을 고쳐보려고 돈으로 여자를 사보기도 하고, 결혼까지 감행한다. 하지만 모두 실패.

그는 운명이 이끄는 대로 미국으로 건너간다. 프랑스 태생의 대학교수이자 사업가이자 유럽에서 막 건너온 영국식 영어를 쓰는 지성미 가득한 미남자에게 제일 먼저 반한 여자는 롤리타의 엄마이다. 주요섭의 〈사랑방 손님과 어머니〉식 구조에 1930년대 한국의 순수한 옥희 대신 1940년대 미국인 소녀 롤리타가 들어가 있다. 롤리타네 하숙생으로 들어간 험버트 교수는 롤리타를 보고 첫눈에 사랑에 빠진다.

자신의 첫사랑 애너밸과의 사랑, 그리고 그녀의 죽음이 가져다준 충격 이후에 이어진 방황과는 완전히 다른 장이 펼쳐진다. 롤리타는 애너밸의 대신이나 연장이 아니었다. 애너밸로 인하여 촉발된 선상에 있었으나 롤리타의 등장은 이전 것을 다 지워버릴 정도로 강력했다. 심지어 애너밸까지도. 험버트는 이것이 사랑이라고, 처음부터 끝까지 사랑이었다고, 자기의 진심을 알아달라고 절규하지만 아무도 그의 마음을 알아주지 않았고 롤리타조차 그의 사랑 고백 앞에서 어이없는 쓴웃음을 짓는다.

롤리타 옆에 있고 싶은 욕심에 험버트는 롤리타 어머니의 구애를 받아들여 결혼한다. 롤리타를 집에서 멀리 떨어진 기숙학교에 보내버리고 험버트와의 신혼을 제대로 즐기려는 롤리타 엄마는 험버트가 계속 감추려고 노력하는 숨겨둔 일기장을 찾아내고 재혼남의 속사정을 알게 된다. 모든 것을 폭로하려고 뛰어나가다가 자동차 사고를 당해 그 자리에서 즉사한다.

모든 비밀을 한 손에 쥔 머리 좋은 험버트는 이웃사촌이 득실거리는 동네를 떠나기로 하고, 여름 캠프에 가 있는 롤리타를 데리러 간다. 캠프장에서 이미 엄마의 재혼 소식을 들은 롤리타는 아무 의심 없이 험버트를 만나고, 험버트는 엄마가 아파서 병원에 입원했다고 속이고 롤리타를 데리고 떠난다. 롤리타는 오히려 자기가 좋아했던 아저씨가 엄마랑 결혼한 것에 섭섭함마저 들만큼 믿었던 어른이었기에 캠프장에서 자기가 저질렀던 19금 이야기를 털어놓고, 험버트는 롤리타가 이미 성적으로 온갖 경험을 한 것을 알고 그동안 지켜온 인내와 절제를 내팽개친다.

여기가 험버트와 롤리타의 관계가 어긋나는 지점이다. 험버트는 나빠지기로 했고 롤리타는 충격을 받는다. 당연하다. 아무리 롤리타가 별별 나쁜 짓을 다 했대도 좋아하고 따랐던 어른이, 그것도 엄마랑 결혼한 어른이 자기에게 그런 짓을 한 게 어찌 충격이 아니겠는가. 험버트가 살던 동네를 떠난 건 감시와

간섭 없는 둘만의 장소를 찾기 위함이었고, 의심과 의혹을 피하기 위해서였다. 정처 없이 돌아다니며 몇 달을 보내고 나서 점점 통제 불능이 되어가는 롤리타를 보며 떠돌이 생활을 청산하고 정착하며 살기로 한다. 낯선 곳이란 가해자보다 피해자에게 유리하다. 이곳에서 롤리타는 역모를 꾀한다. 그새 롤리타의 머리가 굵어지고 간이 커진 걸 험버트가 놓친 것이다.

롤리타의 제안으로 아무런 의심 없이 두 번째 여행이 시작되고, 처음부터 계획이 있는 롤리타는 처음 여행 때와는 달리 주도권을 쥐고 험버트를 쥐락펴락한다. 마침내 롤리타는 탈출에 성공하고, 험버트는 그 누구 앞에서도 사실을 설명할 수 없고 경찰에 붙잡히면 안 되기에 매우 소극적인 자세로 탈출범이자 배신자인 롤리타를 뒤쫓지만, 실패만 거듭한다.

3년의 세월이 흐르고 모든 것을 포기한 험버트에게 롤리타로부터 편지가 온다. 도와달라는. 배신의 현장을 찾아간 험버트는 장애인 청년과 궁색한 삶을 살고 있는 롤리타를 목격한다. 처량한 신세의 임산부인 롤리타이지만 불평은 없다. 그녀를 통해 배신과 탈출의 전 과정을 듣게 된 험버트는 제안한다.

— 롤리타, 쓸데없는 소리일지도 모르지만 그래도 꼭 말해야겠다. 인생은 아주 짧아. 여기서부터 너무 잘 아는 그 고물차까지 스무 걸음. 많아 봤자 스물다섯 걸음이면 충분해. 아주 짧은 거

리야. 그 스물다섯 걸음을 걷자. 지금. 지금 당장. 지금 그대로 떠나면 돼. 그때부터 우리는 영원히 행복하게 사는 거야.
―그 말은….
그녀가 눈을 뜨고 마치 공격을 앞둔 뱀처럼 상체를 살짝 들면서 말했다.
―그 말은 내가 모텔까지 따라가야만 우리한테(우리란다) 돈을 주겠다는 뜻이군요. 그런 뜻 맞죠?
―아니. 그건 오해야. 난 그저 네가 오다가다 만난 딕이나 이 누추한 동굴 따위는 버리고 떠나서 나와 함께 살고 나와 함께 죽고 뭐든지 나와 함께 했으면 좋겠다는 것뿐이야.
―미쳤군요.
그녀의 얼굴을 잔뜩 일그러졌다.
―잘 생각해 봐. 롤리타. 조건은 아무것도 없어. 다만 한 가지 아니, 아무것도 아니다. (한 번만 더 기회를 달라고 하고 싶었지만 그만두었다.) 아무튼 거절하더라도 네 결혼자금을 줄 테니까.
―정말이에요?
나는 현금 400달러와 수표 3천6백 달러가 든 봉투를 건넸다. 그녀는 머뭇거리면서, 반신반의하면서, 내가 주는 보잘것없는 선물을 받았다. 이윽고 그녀의 이마가 아름다운 분홍색으로 물들었다.
―아니.

그녀는 마치 괴로운 듯이 힘주어 말했다.

— 우리한테 사천 달러나 주시는 거예요?

나는 한 손으로 얼굴을 가리고 내 평생 가장 뜨거운 눈물을 흘렸다. 눈물을 손가락 사이로 흘러내리고, 턱을 적시고, 나를 불태우고, 코가 막히고, 그래도 울음을 그치지 못하자 그녀가 내 손목을 만졌다.

— 네가 만지면 그대로 죽을 것 같아.

나는 말했다.

— 정말 같이 안 갈래? 나와 같이 갈 가능성은 조금도 없는 거야? 그것만 말해줘.

— 없어요, 안 돼요, 자기, 안 돼요.

(중략)

— 마지막으로 한마디만 더.

신중하게 말을 골랐지만 한심스럽게 더듬거렸다.

— 너, 정말 정말, 그래, 물론 내일도 아니고 모레도 아니겠지만, 아무튼 언젠가는, 언제든 좋으니까 나와 함께 살지 않겠니? 그렇게 작디작은 희망이라도 남겨둔다면 나는 새로운 신을 창조하고 그 신에게 목이 터지라 감사하며 살아갈 텐데.

— 아뇨.

그녀가 웃으며 말했다.

— 싫어요.

험버트는 사랑이라고 말하지만, 작가가 여기까지 이야기를 끌고 오면서 수많은 아름다운 표현으로 험버트의 인간적 고뇌와 정성을 다한 헌신과 가슴 속 깊은 진심을 포장해 주었지만 결국 그가 저지른 짓이 얼마나 잔인했는지가 다 드러나는 장면이다. 철없는 롤리타가 진정으로 사랑했고, 그 사람도 자기를 사랑하는 줄 알고 따라나섰던 제3의 인물, 롤리타의 탈출을 도왔던 인물이 진정한 소아성애자요 변태성욕자였다.

눈에 뵈는 게 없어진 험버트는 당장에 그자를 찾아가 총으로 쏜다. 누가 누구를 단죄하는가. 롤리타 입장에서는 험버트가 더 나쁜 사람이었던 것을. 자기가 자기를 죽이고 싶은 마음까지 보태어 험버트는 도망 다니는 변태성욕자를 쏴 죽이고 돌아나온다. 그때, 이 작품에서 가장 아름다운 명장면이 펼쳐진다.

이렇게 온갖 색상이 말없이 환호하는 듯한 풍경보다 더 화사한 것은, 눈에 보이는 경치보다 더 밝고 꿈결처럼 아름다운 것은, 귀에 들리는 화음이었다. 온갖 소리가 모여 만들어내는 이 화음은 안개처럼 가물가물 흔들리면서도 한순간도 그치지 않고 이어지면서, 내가 더러워진 입가를 닦으며 우두커니 서 있는 화강암 절벽 언저리까지 모락모락 솟아올랐다. 나는 곧 이 모든 소리가 본질적으로 똑같다는 사실을 깨달았다. 남자들은 일하러 나가고 여자들은 집을 지키는 이 마을에서, 구석구석 훤히 들여다 보이는 이 마을의 골목골목에서, 지금 들려오는 소리는 오직 한 가지였다. 독자여! 내가 들은 그 소리는 바로 아이들이 노는 소리, 그 아름다운 선율이었다. 가냘프면서도 장엄한 소리, 아득히 멀지만 신기하리만큼 가깝게 들리는 소리, 진솔하면서도 신비롭고 거룩한 소리 — 여러 목소리가 안개처럼 뒤섞였지만, 공기가 어찌나 맑은지 이따금 어떤 소리는 안개를 뚫고 나온 듯 또렷하게 들려왔다. 까르르 터뜨리는 명랑한 웃음소리, 방망이로 공을 때리는 소리, 장난감 마차가 덜컹덜컹 굴러가는 소리였다. 그러나 실제로는 거리가 너무 멀었으므로 실선처럼 좁다란 골목에서 노는 아이들의 움직임을 육안으로 확인하기는 불가능했다. 그렇게 높다란 산비탈에 서서 이 음악적인 진동에 귀를 기울이며 조용히 웅성거리는 듯한 배경음 속에서 산발적으로 터져 나오는 외침 소리를 듣다가 문득 깨달았다. 무엇보다 절망적으로 가슴 아픈 것은 내 곁에 롤리타가 없다는 사실이 아니라 이 아름다운 화음 속에 그녀의 목소리가 없다는 사실이었다.

멀리서 들려오는 어린아이들이 어울려서 노는 소리, 꿈결처럼 아름다운 화음과 같은 소리 가운데 롤리타의 소리가 있어야 했다는 사실에 비로소 자신이 사랑하는 롤리타에게 저지른 짓이 무엇인지 뼈저리게 느끼는 험버트. 그가 이 모든 것을 쓴 이유는 너와 내가 함께 불멸을 누리는 길이 이 글 속에만 있기 때문이라고 밝히며 작품은 끝난다.

  난도질당한 한 소녀의 인생을 들어 보석처럼 다뤄야 하는 어린 시절을 이야기하는 이 책을 덮으며 한쪽 가슴이 뻐근해져 온다. 박제된 어린 시절을 보내야 했던 험버트처럼, 우리 모두의 어린 시절이 어떤 식으로든 멍이 들어 있음을 알고 있기 때문이다. 그 시절이 인생에서 너무나 소중한 순간이며, 잊고 살기엔 그 시절에 뿌리를 둔 것들이 내 인격에 너무나 많다는 것을 알기에.

  저 멀리 계곡에서 들려오는 아이들의 노는 소리에 무너지는 험버트에게 기대어 나도 한참 눈물을 흘렸다. 나의 어린 시절을 쓰다듬으며 위로의 눈물을, 내 아이들의 어린 시절을 쓰다듬으며 참회의 눈물을. 그늘 없는 인생이 어디 있던가. 멍들지 않은 어린 가슴이 어디 있던가. 이런 책에 기대어 나만의 상처를 조심스럽게 열어보고 마데카솔도 바르고 호호 불어도 주고 밴드도 붙여주자. 나를 위해 울어주는 이가 없다면 내가 울면 되지.

  아문다. 흔적은 남아도 아문다.

  아직 목걸이는 만들어지지 않았다. 한 알 한 알 정성스럽게 꿰어보시길 간절히 바란다. 구슬이 아니라 보석이서 말이다. 이 작품을 읽고 멋진 보석 목걸이 찬 새로운 가슴들이 많아지기를.

The man who read

3부
열정의 끝에서

산도르 마라이
Sándor Márai, 1900—1989

열정
Die Glut

The man who read

✢

　나는 I (Introversion, 내향형) 성향의 사람이다. 타고난 명랑 쾌활한 성격 덕에 외향적인 사람으로 자주 오해받지만, 하하 호호 웃다가도 어느 순간 어서 혼자가 되고 싶어 초조해진다. 소란한 세상을 뒤로 하고 내 집으로 들어올 때의 그 안락함이란! 나를 혼자이게 해주는 작은 공간에게 꾸벅 인사를 하고 싶을 정도다. 혼자 먹는 밥이 맛이 없어지려면 얼마나 기다려야 하나. 연속으로 약속이 잡히면 괜히 화가 난다. 피로를 풀고 에너지를 채우고 싶을 때, 생각을 정리하고 마음을 달랠 때, 상처나 충격을 받은 후에도 혼자여야 한다. 혼자서 웃기도 잘하고, 마치 연기하듯 혼잣말하는 모습은 남한테 들키지 않으려고 노력한다.

　숨을 연속으로 들이키게 만드는 감동을 받을 때도 돌처럼 굳어져 가끔히 서서 나만 남을 때까지 움직이지 않는다. 이럴 때는 감탄사도 안 나온다. 나의 자식들과의 첫 대면에서 그랬고, 삶에서 놓여나 비로소 다시 미소를 찾은 내 아버지의 주검 앞에서 그랬고, 루브르 박물관의 니케 상 앞에서도 그랬다. 석상이 있는 주위 계단은 의외로 텅텅 비어 있었다. 덕분에 나는 실컷 감동과 충격의 과호흡에 시달렸다. 이런 곳이 있었나 싶은 자연 앞에 서서 코끝이 찡해지고 가슴이 뻐근해지면서 눈물이 고이는 순간에도 난 혼자이고 싶다. 말없이 혼자 오래오래 얼어붙듯 그렇게 있다가 맥이 풀리면서 깊고 긴 한숨이 나온다. 누가 보면 한숨만 쉬는 줄 알겠지만, 사실 나는 누군가의 이름을 부르는 중이다. 계속 계속.

이런 내가 책을 읽고 난 감동을 이기지 못할 때 좀 별난 행동을 한다. 마지막 문장을 읽고 책장을 덮으면서 무릎을 꿇고, 가슴에 책을 감싸안고 한숨과 함께 바닥에 푹 엎드린다. 그리고 나의 신의 이름을 부른다. 계속 계속. 나의 이 모습을 본 사람은 아무도 없다. 책을 읽는 내내 내 안의 저 깊은 곳에서 서서히 차오르며 끓어오르던 것이 마침내 폭발하고 터져버릴 것처럼 나를 근원부터 마구 흔들어댄다. 그 흔들림을 이겨내고 다시 잠잠해질 때까지 나는 내 속의 모든 것을 토해놓고 엎드려 나의 신을 부른다. 나의 신음, 고통에 찬 호소, 탄식에 가까운 감탄, 언어로 제대로 나오지 못하는 깊고도 복잡한 감격의 숨 고르기 내내 나의 하나님을 계속 부른다. 나의 이 순간, 누군가가 필요하다.

　감동도 아플 때가 있다. 내 무딘 감성과 신경을 건드려 깨어나게 할 때 통증이 있다. 마지막 장까지 밀어붙인 벅찬 감동에 눌려 납작 엎드려 그분을 부른다. 그때 내 머리를 쓰다듬어주는 신의 손길에 겨우 한숨을 돌린다. 믿거나 말거나.

　이 접신 행위의 정체는 '감사'다. 너무 감사해서, 완벽한 아름다움을 보게 하신 감사를 이길 수가 없어서 신의 이름을 부른다. 내게 주신 생명의 얼굴이, 죽음을 받아들인 아빠의 얼굴이, 두상이 날아가 버리면서 더욱 완벽해진 고대의 석상이, 그리고 한 사람의 세계가 글이 되어, 또 다른 사람에게 이토록 큰 위로를 준다는 사실이 놀랍고 아름다워서 감사, 또 감사하게 된다.

✧

　산도르 마라이의 《열정》, 풍문으로도 들어본 적 없는 작가와 작품이다. 그도 그럴 것이 시대를 잘못 타고난 이 작품은 1942년에 출간되었으나 역사에 가리고 세월에 묻혔다가 1998년에서야 세상 빛을 제대로 보게 되었단다. 그것도 작가가 고인이 된 이후에.

　내가 이 작품을 알게 된 건 우연이지만, 난 기적이라고 말하고 싶다. 작은 기적이라도 기적이고, 숨겨진 기적이라도 기적은 기적이다. 얼마나 완벽한 아름다움을 가진 작품인지 내가 이런 작품을 읽었다는 사실만으로도 벅차게 감사하고 기분이 좋다.

이 작품은 어른들의 이야기, 그중에도 남자의 이야기를 다룬다. 작가는 사랑, 우정, 질투, 배신, 죽음, 복수, 재회, 후회, 삼각관계, 불륜 등 너무나 흔한 소재를 오스트리아·헝가리 제국이 쇠망해 가는 의미심장한 시대를 배경으로 작가 특유의 간결하고 굵직한 남성적 문체로 써 내려간다.

그의 문장은 마치 클림트의 초상화에서 눈동자에 찍은 점 하나가 인물의 표정을 완벽하게 표현하듯, 단어 하나가 등장인물의 성격을 담아낸다. 등장인물들은 모두 진지한 사람들이고 신사와 숙녀다. 미치광이도 없고 간신배도 없고 이중인격자도 없다. 오직 갈등이 있고 열망이 있었을 뿐.

입체적으로 완벽한 조화를 가진 비극 중의 비극인 이 작품. 이 쓸쓸한 계절에, 나뭇잎을 다 떨구고 마른 가지로 추운 겨울을 보낼 나무를 쓰다듬다가 셰익스피어의 4대 비극보다 더 가슴 아픈 본격 비극에 빠져보고 싶다면 너무나 낯선 이름, 산도르 마라이의 《열정》을 꼭 한 번 읽어보시길 권한다. 아마 당신도 책장을 덮고 나면, 우두커니 서서 창밖을 하염없이 바라볼 수 있다. 와인이냐 소주냐 취향에 따라 갈리겠지만, 술맛을 모르는 나로서는 커피잔을 들겠지만, 오래오래 상념에 휩싸여 '사랑, 도대체 너는 뭐냐?'고 묻게 될 것 같다.

✤

　두 소년이 있다. 한 소년은 매우 고귀한 신분의 부잣집 외아들 '헨릭'이고, 다른 소년은 겨우 작위만 유지하고 있는 가난한 집안의 외아들 '콘라드'이다. 이 두 소년이 열 살 무렵 사관학교 생도로 만나 세상에 둘도 없는 친구가 된다. 각자 '돈 너무 많음'이라는 원죄와 '돈 너무 없음'이라는 원죄를 평등하게 지고 우정을 시작했으나 처음에는 이것이 아무 문제가 되지 않았다. 어린이였으므로.

　그러나 점차 나이가 들고 생각이 굳어지면서 이 원죄는 도저히 뛰어넘을 수 없는 차이를 만들기 시작한다. 돈 너무 많은 자가 아무리 그 차이를 없애려 애를 써도 결국 그는 죄의식을 갖게 되고, 돈 너무 없는 자는 아무리 아무렇지도 않은 척 애를 써도 점점 냉담해진다.

　이 둘 사이에 한 여인, '크리스티나'가 있다. 콘라드가 먼저 알게 되었으나 어떤 이유에서인지 그는 이 매력적인 여인을 자기 친구에게 소개하고 헨릭은 첫눈에 그녀에게 반해 둘은 결혼한다. 행복한 결혼까지 더해져 모든 것으로 충만한 헨릭, 한 손으로는 아름답고 지혜로운 아내의 손을, 다른 손으로는 평생지기 친구의 손을 잡고 뭐 하나 부러운 것 없는 세상을 살고 있다.

　이 두 친구에게는 돈 말고도 서로 너무 다른 것이 하나 더 있었다. 바로 '음악'이라는 존재다. 이는 작가의 특별한 견해인 듯

한데, 사람을 음악을 이해하고 사랑하고 즐길 줄 아는 부류와 그렇지 못한 부류, 두 진영으로 나눈다. 각각의 진영에 속한 자는 서로 매우 끌리기는 하나, 함께 하기에는 너무 힘들 정도로 매우 다르다고 한다. 이 분류 방식에 따르면 헨릭과 그의 아내와 콘라드는 묘하게 진영이 나뉜다. 콘라드는 취미로 쇼팽을 연주하고, 심지어 소설 내에서 쇼팽의 친척으로 소개된다. 직계는 아니지만 방계로 보면 음악가의 피가 흐르는 집안이라는 말이다. 반면, 헨릭은 사냥이 취미이자 특기다. 그는 매일 사냥하는 아버지 밑에서 일등 사냥꾼으로 키워졌다. 그렇다. 콘라드는 피아니스트이고, 헨릭은 사냥꾼이다.

헨릭의 아내, 크리스티나는 음악을 즐겼는지 어땠는지 작품에 나와 있지 않으나 그녀는 가난한 음악가의 딸이었다. 크리스티나는 아버지의 가게에 악보를 구하러 다니던 콘라드를 알게 된 것이었다. 이리하여 남편과 아내가 같은 영역에 들어가지 못하고 아내와 친구가 묶이게 된다. 이렇듯 헨릭과 콘라드를 하나로 묶어주던 우정의 줄은 점점 느슨해지는데, 또 다른 줄 하나가 이들을 나누고 있었던 것이다.

✢

이들이 있기 이전에 또 다른 커플이 있었다.
한 프랑스 여인이 있었다. 백작의 딸인 이 앳된 여인은 한 무도회에서 오스트리아·헝가리 제국 외교 사절로 파리에 와있던 한 장교를 만나 사랑에 빠지고 결혼을 한다. 파리 출신의 이 여인은 곰이 나오는 숲속에 집을 가진 남편을 따라 헝가리로 온다. 정열이 이성보다 강했던 그녀는 자신이 있었다. 그녀의 음악으로 야만인에 가까운 이 남자를 길들여놓겠다는.

남편의 사냥과 아내의 피아노는 소리 없이 겨룬다. 이 둘은 서로 사랑했으나 이해하지 못하는 부분이 있었고, 나눌 수 없는 부분이 있었다. 그렇게 각자 자기 고독을 안고 살아가야 했다.

이 부부의 아들이 바로 우리의 주인공, 헨릭이다. 도입 부분에서 이 부부의 모습이 자세히 그려지는 이유는 뒤에 나오는 주인공 부부에 대한 이해를 돕기 위함이다. 이 부부가 가진 성향의 차이를 그대로 물려받은 것처럼 보이는 아들 부부가 겉으로 보기에 갈등이 전혀 없었던 것 같으나, 절대 그렇지 않았음을 암시하는 장면이라고 할 수 있다.

헨릭은 어려서부터 서로 너무 달라서 교감하지 못하는 부모, 그래서 각자 고독한 부모를 보고 자랐다. 그러나 이유를 제대로 알지는 못했다. 헨릭은 아버지 판박이였다. 남편의 땅에서 끝까지 이방인이었던 어머니와는 달리, 헨릭은 야생의 땅에서 태어나 자랐고 오히려 어머니의 고향, 파리가 낯설어서 병이 나 버리던 아이였다.

'니니'는 이 작품에서 참 독특한 역할을 하는 헨릭의 유모다.

헨릭은 니니의 젖을 먹고 자랐고, 콘라드를 데려오던 날부터 크리스티나가 죽고 헨릭이 혼자 남는 그 세월을 함께한 유일한 인물이다. 헨릭은 니니의 사랑과 지지, 이해와 공감 속에서 자랐고 지금은 함께 늙어가고 있다.

✢

'콘라드.' 가난한 남작 집안의 외아들로 태어나 어린 나이에 사관학교에 입학하여 만난 첫 친구가 대대로 내려오는 부유한 가문인 근위 장교의 아들 헨릭이다. 뭐든지 자신과 함께하기를 원하는 친구를 만나 방학도 휴가도 모두 헨릭의 집에서 보낼 정도로 가깝다.

작품에서는 어린 콘라드의 시선은 한 번도 잡히지 않지만, 청년이 된 콘라드의 행동을 보면 쉽게 짐작할 수 있다. 처음에는 친구가 좋으니 친구 집에서 지내는 게 마냥 좋았지만, 철들고 나서는 왜 생각이 없겠는가. 자기 집안과 헨릭의 집안, 자신의 아버지와 헨릭의 아버지, 자신의 어머니와 헨릭의 어머니가 왜 비교되지 않겠는가. 친구의 모든 것 앞에서 자신의 모든 것이 열등하게 보일 때마다 콘라드의 마음속에 얼마나 많은 갈등이 있었겠는가. 어디서부터 어디까지가 자기 자신인지 그 경계를 얼마나 찾아보았겠는가.

모든 배경은 지우고 자기 한 몸만 나서면 되는 자리에서는 늘 최고를 차지했지만, 자신이란 것 안에는 타고난 것, 익혀온 것, 보고 자란 것, 듣고 자란 것, 몸에 배어있는 것, 즉 본질적이고 근원적인 것들로 이미 채워져 있고 가문, 혈통, 가풍, 지위, 재산, 자세, 표정, 취향, 여유, 분위기가 녹아있는 자신감과 자존감, 자부심과 자긍심의 미소에까지 다달아 눈에 보이는 것과 보이지 않은 것이 개인의 본질을 이루었으니, 이런 순간을 맞닥뜨릴 때마다 콘라드 속에 이런 말이 떠오르지 않을까.
'어쩌라고!'

헨릭은 뛰어난 기수였다. 콘라드는 균형을 잡기 위하여 말 등에서 필사적인 싸움을 했다. 그의 신체에는 이 능력을 물려받은 흔적이 없었다. 헨릭은 무엇이든지 쉽게, 콘라드는 어렵게 배웠다. 그러나 그는 한 번 배운 것을 다시 놓치지 않기 위하여 거의 병적인 노력을 기울였다. 마치 그것 말고는 이 세상에 가진 게 없다는 것을 알고 있는 듯이 보였다. 사교 모임에서도 헨릭은 어떤 일이 일어나도 놀라지 않을 것처럼 경쾌하고 자연스러웠으며 도도했다. 콘라드는 경직된 데다가 지나치게 꼼꼼했다.

자본주의 사회를 사는 우리가 겪는 빈부 격차와는 레벨이 다른 격차가 존재하던 계급사회에서 콘라드가 목격한 것은 누군가의 '도저히 불가능함'이 누군가에게는 '얼마든지 가능함'이었을 것이다. 개인의 노력이란 끼어들어 갈 틈이 1도 없는. 청년 시절 헨릭과 콘라드의 관계를 보여주는 장면을 보자.

근위장교의 아들(헨릭)은 모든 운명적인 인간관계가 그렇듯이, 깨지기 쉽고 다면적인 자신들의 우정을 돈의 영향에서 지키고, 질투와 결속의 입김에서 구해야 한다고 느꼈다. 쉬운 일은 아니었다. 근위 장교의 아들은 사실 그 많은 재산을 어디에 써야 할지 알 수 없으니 일부를 받아달라고 콘라드에게 간청했다. 콘라드는 단 한 푼도 받을 수 없다고 선언했다. 두 사람은 그 말이 옳다는 것을 알았다. 근위 장교의 아들은 콘라드에게 돈을 줄 수 없었다. 콘라드가 히칭의 집에서 일주일에 닷새 저녁을 달걀찜으로 때우고 세탁고에서 가져오는 속옷이 맞는지 일일이 확인하는 동안, 그는 사교 모임에 가고 직위와 이름에 맞게 사는 것을 받아들여야 했다. 그러나 중요한 것은 그게 아니었다. 돈 문제를 극복하고 평생 우정을 유지해야 하는 사실이 더 두려웠다.

콘라드는 나이보다 빨리 늙었다. 그는 스물다섯 살에 벌써 독서용 안경이 필요했다. 젊은이답게 잔뜩 멋부린 친구가 담배와 향수 냄새를 풍기면서 헝클어진 매무새로 밤에 빈과 세계로부터 집에 돌아오면, 그들은 공모자들처럼 소리 죽여 오랫동안

이야기했다. 조수가 세상을 돌아다니며 삶의 비밀을 알아내는 동안, 콘라드는 집에 앉아 사물의 의미에 대해 사색하는 마법사 같았다. 콘라드는 무엇보다도 영어 책, 인간의 공동 생활의 역사와 사회 진보에 관한 책을 즐겨 읽었다. 근위 장교의 아들은 말이나 여행 관련 책들만을 읽었다. 그들은 서로 좋아했기 때문에, 서로의 원죄, 부와 가난을 용서했다.

헨릭이 못하는, 그러나 콘라드는 잘하는 유일한 것이 피아노 연주였다. 헨릭의 어머니가 갖고 있던 고상한 취미. 단순히 연주를 하느냐 못하느냐를 넘어 음악으로 자신을 위로하고, 내면을 표출하는 사람이냐 아니냐의 차이였으니, 이 차이는 헨릭의 부모가 서로 사랑하면서도 평생 각자의 고독을 안고 살아야 했던 만큼의 차이였다.

헨릭은 피아노 연주를 하지 못하는 데에 어떠한 열등감도 없다. 그에게는 이런 류의 내적 결핍을 찾아볼 수 없다. 헨릭의 위치는 자기 자신과 생을 즐기도록 할 뿐이다. 그러나 존경하는 아버지가 친구 콘라드의 음악성을 보고 평가한 말을 그는 잊지 않고 있었다. 헨릭의 어머니와 콘라드가 쇼팽의 〈폴로네즈 환상곡〉을 함께 연주하는 것을 헨릭과 그의 아버지가 감상했던 날의 장면을 옮겨보겠다.

구석에서 인내심을 가지고 정중하게 듣고 있던 아버지와 아들은 어머니의 몸과 콘라드의 몸, 두 몸에서 무슨 일인가 일어났다는 것을 감지했다. 음악이 도전적으로 방 안의 가구들은 높이 들어 올리고, 알 수 없는 힘이 창문의 무거운 비단 커튼을 펄럭이게 하고, 마음속 깊이 파묻혀 딱딱하게 굳고 곰팡이 핀 것이 모두 일시에 살아나고, 삶의 특별한 순간에 운명적으로 강렬하게 울리기 시작하는 치명적인 리듬이 모든 인간의 마음 깊숙이에 숨어 있는 것 같았다. 예의 바른 청중들은 음악이 위험하다는 것을 직감했다.

(중략)

근위 장교는 상체를 앞으로 약간 숙이고서 처음 보는 사람처럼 아들의 친구를 유심히 바라보았다. 그날 저녁 단둘이 흡연실에 있었을 때, 그는 아들에게 말했다.

— 콘라드는 절대로 훌륭한 군인이 못 될 거다.

— 왜죠?

아들은 놀라 물었다.

그러나 그는 아버지의 말이 옳다는 것을 알았다. 근위 장교는 어깨를 으쓱했다. 그는 벽난로 앞에 다리를 길게 뻗고 앉아 눈으로 담배 연기를 좇았다. 그리고 세상 물정 잘 아는 사람의 침착함과 우월함으로 말했다.

— 그가 다른 종류의 사람이기 때문이지.

✢

그 여자, 크리스티나. 어머니는 병들어 일찍 돌아가셨고 아버지는 바이올리니스트였다. 음악가의 딸, 크리스티나는 콘라드를 먼저 알았다. 뚜렷한 개성을 가진 미모의 크리스티나와 콘라드가 어떤 사이였는지 소설에는 나오지 않는다. 콘라드는 이 여자를 헨릭에게 소개하고 둘은 결혼한다. 그 새벽 사냥터에서의 사건 이후 떠나버린 콘라드의 집에서 헨릭과 크리스티나가 만나면서 콘라드와 크리스티나가 오랜 기간 불륜관계였다는 암시만 있을 뿐.

음악을 다루는 소설을 만나니 그냥 지나칠 수가 없다. 내 어린 시절의 심심한 날들은 내게 두 개의 취미생활을 낳았는데 하나가 독서요, 다른 하나가 피아노 연주다.

피아노를 치다 - 피아노 의자에 엎드려 책을 읽다가 다시 일어나 앉아 피아노 치면서 많고 많은 시간을 보냈다. 그때 진지하게 공부를 좀 했으면 얼마나 좋았을까 싶지만 내 인생은 그쪽으로 가지 않고 이쪽으로 와서 지금 나는 이렇게 글을 쓰고 있다. 뭐, 모두가 의사하고 판사하랴.

피아노를 배우기 시작할 때 나에게 약간의 재능이 있었던 것 같다. 내게 1번 곡이나 10번 곡은 난이도에서 별 차이가 없었다. 지금도 기억나는 장면은 선생님이 피아노 책 서너 장을 휙휙 넘기면서 쳐보라고 하시는데 내 눈에는 방금 쳤던 곡이랑 비슷해 보여서 그냥 쳤다는 거. 그렇게 피아노는 술술 쳐졌다. 너무 재미있어서 웃으면서 피아노를 쳤다. 글자 하나 적혀 있지 않았지만, 이야기처럼 기승전결이 있는 것 같은 곡조를 나랑 악보랑 건반이랑 셋이서 딱 맞아떨어지게 치고 나면 짜릿한 전율을 느꼈다. 음악이 만들어주는 작은 우주 속으로 들어가서 정신없이 놀다 나오는 기분, 참 좋았다.

내가 피아노를 곧잘 치니 우리 엄마는 좋은 선생님을 찾아 나를 옮겨다니게 했다. 그때마다 선생님들은 '처음부터 다시'를 요구하셨다. 다 쳐가던 책을 처음부터 치게 했고 그렇게 한 책을 세 번씩 치면서 재미가 살짝 떨어지기도 했다.

마지막 피아노 선생님은 근접 불가의 부자였다. 내 나이 겨우 열둘에 왜 그런 것에 그렇게 민감했을까. 나는 쓸데없는 자존심을 내세워 선생님이 간식으로 주시는 케이크 한 조각을 다 먹지 않고 남겼다. 너무 맛있어서 싹싹 핥아먹고 싶었지만 그렇게 하면 내 가난이 케이크 접시 위에 고스란히 보일 것 같아서 꾹 참았다. 여기까지 쓰고 보니 나, 콘라드였나?

피부로 실감 되는 빈부의 격차에 어린 나는 기가 좀 죽었고, 나의 터전에 대한 괜한 반항심까지 들었는데 때맞춰 어려워진 곡은 흥미를 점점 떨어트렸고 결국 피아노 배우기를 그만둬버렸다. 비록 지금은 애호가에 불과하지만, 내게 피아노 연주는 또 다른 숨쉬기다. 이성과 감정과 육체가 하나가 된 매우 역동적인 발산이지만 내 얼굴을 다 가려주는 크고 검은 피아노는 나에게 혼자만의 세계를 가져다 주었다. 나는 이 악기 뒤에 숨어서 자유롭고 홀가분하게 연주했다. 이 신나는 순간순간들이 모두 아름다운 음이 되어 내 귀에 다시 들려올 때의 희열은 내 속에서 뭔가를 내뱉낸 만큼 다시 뭔가가 채워지는 엄청난 순환 에너지가 되어 나의 내면을 씻고 또 씻어낸다.

만약 이 발산의 연주를 누군가와 함께한다면, 그게 지휘든, 이중주든, 합주든, 다만 청중이든, 그 순간의 교감이 가져온 일체감은 경험한 사람이 아니면 알 수가 없다. 그래서 교감할 수 없는 자와 함께 연주하는 것은 고역이 아닐 수 없고, 한 호흡으로 한 눈빛으로 주고받는 연주의 순간 서로에게 집중하는 동안의 교감은 위험할 수 있다. 서로의 것을 열어야 가능하므로.

음악에 대한 나의 이해는 여기까지다.

자기의 모든 것을 열어 함께 호흡하는 사이. 헨릭의 어머니는 이 호흡 안으로 남편을 끌어들일 자신이 있었을 것이다. 왜냐? 음악은 아름다우니까! 그러나 남편은 사냥꾼의 호흡을 가진 이였다. 숨죽인 순간 짐승의 발자국, 냄새, 소리, 정확한 방향으로 조준, 발사, 버둥대는 짐승의 울음소리…. 이것이 그의 호흡이었고 헨릭의 호흡이었다. 그의 부모도, 헨릭과 크리스티나도 서로 섞일 수 없는 호흡으로 한 몸을 이룬 것이다.

하나밖에 없는 친구를 제 형제처럼 사랑했고, 하나밖에 없는 아내를 제 몸처럼 사랑했던 헨릭. 그러나 친구와 아내는 헨릭을 철저히 이용했고 완벽히 배신했다. 물론 미완성의 배신이었다지만 사랑의 도피가 미완성으로 실패했을 뿐 배신은 완벽했다.

사냥터에서 일어났던 배신에 관한 헨릭의 기억과 상념은 깊고 길다. 작품에도 여러 페이지에 걸쳐 다른 수많은 생각들과 교차하며 서술되는데 그중에서 편집하여 써보도록 하겠다.

내 평생 사냥 나선 새벽보다 더 좋아한 것을 없었을 걸세. 어둠이 가시기 전에 일어나 평상시와는 다른 옷을 입네. 목적에 맞게 옷을 잘 선택해서 입고, 전등불 아래에서 보통 때와는 다른 아침 식사를 하지. 화주로 심장을 강하게 하고, 안주로 차가운 고기를 씹는다네.

빛이 숲을 덮은 이불을 들어 올리네. 마치 세계라는 수수께끼 같은 극장에서 무대 장치를 움직이는 비밀 기계 장치가 작동하기 시작하는 듯하지. 새들이 노래하기 시작하고, 노루 한 마리가 삼백 보 떨어진 앞에서 숲을 가로질러 가네. 자네가 키 작은 수풀 속으로 몸을 숨기고 주시하지. 지네 옆에는 개가 있네. 그러나 오늘 자네가 노리는 것은 노루가 아니네.

나는 자네가 총을 들어 어깨에 올리고 조준하는 것을 느꼈네. 그리고 자네가 한쪽 눈을 감고 총구가 서서히 돌아가는 것을 느꼈지. 내 머리와 사슴의 머리는 정확하게 일직선상에 있었네. 두 목표물 사이의 간격은 십 센티미터 정도 되었을 게야. 나는 자네 손이 떨리는 것을 느꼈네. 그리고 자네가 이 위치에서는 사슴을 겨눌 수 없다는 것도 정확히 알고 있었지. 사냥꾼만이 상황을 그렇게 정확히 판단할 수 있을 걸세. … 사냥꾼과 목표물 사이의 거리와 각도는 몇 걸음 뒤에 있는 사람의 마음속에서 무슨 일이 일어나는지 알려주었네. 그러나 그 순간에 내 운명이 나한테 달려 있지 않았기 때문에 움직일 수 없다는 것도 나는 알고 있었네. … 자네는 절호의 순간이 지나가고 사슴이 수풀 속으로 사라진 다음, 공기에 스치기만 해도 자네의 속셈이 드러날까 봐 아주 조심스럽게 총을 내려뜨렸네.

이 배신의 아침이 오기 전까지 헨릭은 행복했다. 세상이 자기를 중심으로 돌아가는 통에 타인의 어지럼증을 눈치채지 못하는, 착하고 밝고 진실한 사람이었지만 바로 옆에 있는 사람의 그늘도 보지 못하는 반쪽이에 불과했다. 독자들은 다 알고 있는 친구의 냉정을 헨릭은 감도 잡지 못했다. 친구가 소개한 여자, 온 방이 환해지도록 눈부시게 아름다운 크리스티나. 마치 《폭풍의 언덕》 여주인공, 캐서린 언쇼와 비슷한 내면을 가진 열정적인 아가씨에게 첫눈에 반해서 결혼하면서 친구인 콘라드는 왜 이런 아가씨에게 호감이 없는지, 그녀를 먼저 알게 된 친구가 그녀에게 어떤 감정을 가지고 있는지 헨릭은 물어보지도 않았다.

헨릭은 자신과 비슷한 지위를 가진 이들과 어울려도 됐건만 그는 친구도 아내도 오직 사람만 보고 선택했고 아낌없이 사랑한다. 모든 것을 가진 자답지 않게 편견 없이 우정과 사랑을 택했다. 분명 훌륭한 점이다. 그러나 헨릭은 친구와 아내의 완벽한 배신을 당하고 나서야 비로소 나머지 반쪽이 깨어난다.

자네가 나한테 집을 숨긴다고 생각했지. 간소한 가구들을 부끄러워한다고 어림짐작했네. 지금은 그것이 얼마나 어리석은 생각이었는지 잘 아네. 그러나 자네의 교만은 끝이 없었어. 나는 자네가 빌려서 꾸미고 내게는 결코 보여주지 않았던 집에 어느 날 갑자기 서 있네. 그리고는 눈을 의심하네. 자네도 알겠지. 그 집은 하나의 예술품이었네…. 예술가가 아니라면 그렇게 꾸밀 수 없었을 게야. 그 순간 나는 자네가 진실로 예술가라는 것을 깨달았네. 그리고 우리 다른 사람들 틈에서 자네가 얼마나 이방인이었는지도 깨달았지…. 자네는 아름답고 고귀한 모든 것을 해적처럼 그곳에 모아두었지 … 꽃병에 서양란 세 송이가 꽂혀 있었지. 그 서양란은 이 근방에서는 우리 온실에서만 구할 수 있는 것이었네. 나는 방을 돌아보며 하나하나 주의 깊에 살펴보았어. 그리고 자네가 우리의 일원이 아니었다는 것을 새삼 깨달았지. … 주인이 떠나버린 빈집의 고상한 가구들 사이에서 나는 이 모든 것을 깨달았네. 그 순간 크리스티나가 들어왔네.

41년 43일. 이 시간을 지나오면서 그는 한 인간이 되고, 성숙한 어른이 되고, 진정한 용서를 하고 진정한 참회를 한다. 스스로에게 수많은 질문을 던지고 그 답을 찾아가는 데 걸린 시간이자 부모를 이해하고, 콘라드를 이해하고 크리스티나를 이해하는 데 걸린 시간이다.

배신의 아침 이후 헨릭은 아내가 죽을 때까지 서로 한마디도 하지 않고 아내의 얼굴도 보지 않고 지냈다. 그는 세상과 단절하고 은둔자로 지내면서 내내 속에서 쏟아져나오는 질문의 답을 찾는 세월을 보냈다. 반드시 다시 올 거라고 생각한 친구는 일흔이 넘어 노인이 돼서 찾아왔고 그와 밤을 지내며 자신의 찾아낸 세 사람의 생의 비밀을 풀어낸다.

어려서, 젊어서, 경험이 없어서, 세상이 자기중심이어서 알지 못했던 진실들을 혼자서 알아가는 고통. 마침내 보이는 이면의 진실들, 어리석은 자신이 보이고, 괴로웠을 그들이 보이고, 자신의 지위가 보이고, 그래서 아무것도 할 수 없는 그들의 무기력이 보이고, 비밀 속에서 살았던 그들의 고통이 보이고, 두려움을 이기지 못하여 도망쳐버린 친구의 비겁함이 보이고, 자신을 기다린 아내가 죽을 때까지 한 마디도 하지 않았던 자신의 오만함이 보인다. 헨릭은 다시 찾아온 백발의 친구에게 이렇게 말한다.

중요한 문제들은 결국 언제나 전 생애로 대답한다네. 결국 고든 것의 끝에 가면, 세상이 끈질기게 던지는 질문에 전 생애로 대답하는 법이네. 너는 누구냐? 너는 진정 무엇을 원했느냐? 너는 진정 무엇을 할 수 있느냐? … 세상은 이런 질문들을 던지지. 그리고 할 수 있는 한, 누구나 대답을 한다네. 솔직하고 안 하고는 그리 중요하지 않아. 중요한 것은 결국 전 생애로 대답한다는 것일세.

작가는 내게는 매우 예상 밖의 결론을 내린다. 죽음에 이른 아내, 사랑에 속고 사랑을 속이고 병을 얻어 마침내 죽은 크리스티나가 가장 피해자라는 것이다. 왜냐하면 죽었기 때문에. 사랑하는 사이에서 나중까지 살아남은 자는 배반자라고 한다. 사랑이 깨어진 것은 셋 모두에게 동시에 일어난 일인데, 남자 둘은 일흔이 넘은 나이까지, 두 번의 전쟁에도, 열대우림의 환경에서도 멀쩡히 살아남았고, 오직 그녀 하나만 깨어진 사랑의 고통을 이기지 못하고 결국 죽음에 이르렀기에 가장 사랑의 열정이 있었던 자는 그녀였다는 것이다.

한 남자는 비열하게 도망갔고, 한 남자는 외면하여 침묵으로 도피했다. 생을 마감하는 순간에도 사랑하던 이의 전송의 눈물도 없이, 뼈아픈 흐느낌도 없이 혼자였던 크리스티나. 이 사실을 노인이 된 그녀의 남편이 깨닫는다. 그리고 친구에게 묻는다.

자네는 떠나고 나는 여기 머무르고, 우리는 그렇게 살아남았네. 비겁했는지 맹목적이었는지, 아니면 자존심이 상했는지 현명했는지 모르지만, 어쨌든 우리 두 사람은 살아남았어. 자네는 우리에게 그럴 만한 이유가 있었다고 생각하지 않나? 우리가 무던 저편의 그녀에게 할 일을 다 못했다고 생각하지 않는가? 그녀는 우리 두 사람보다 훨씬 인간적이었어. 우리 두 사람은 살아 있는데, 그녀는 죽음으로 우리에게 답변했기 때문에 더 인간적일세. 이것은 변명의 여지가 없네. 엄연한 사실이지. 더 오래 사는 사람은 언제나 배반자라네. … 그녀의 일부나 다름없었던 우리 두 남자가 여자로서 참아낼 수 있는 이상으로 비열하고 거만하고 비겁하고 오만하게 침묵했기 때문에 그녀가 죽었네. 우리 두 사람은 그녀에게서 달아났으며, 살아남는 것으로 그녀를 배반했지. 이것은 진실이네. … 누군가는 죽일 수 있을 정도로 사랑하고 목숨을 바칠 만큼 가까운 사람보다 오래 산다는 것은 뭐라 이름붙일 수 없는 은밀한 범죄이네. … 그녀가 죽었는데 자네는 무엇을 위해 살아 있나? 그래서 얻은 게 무엇인가? 고통스러운 상황에서 벗어났는가? 자네에게 소중한 여인이 이승에 살아 있고 그 여인이 마찬가지로 소중한 친구의 아내라면, 삶의 이런 진실이 문제된다면 도대체 주변 상황이 무슨 소용이란 말인가? 세상 사람들이 무슨 생각을 하든 뭐가 그리 대수란 말인가? 아닐세.

세상이 밝기만 했던 한 남자에게 찾아온 처절한 배신. 그것이 불러온 분노와 증오. 너무나 사랑했던 이들이었기에 복수의 발걸음은 쉽게 떨어지지 않았고, 그 자리에 그대로 무너져 엎드려 있기를 41년 하고도 43일. 수없이 반복되던 같은 질문, 수없이 찾아 헤맸던 비밀의 문을 다 찾기까지, 다 이해하기까지 쉬지 않았던, 아니 쉴 수 없었던 자기와의 싸움. 헨릭은 무너진 자리에서 답을 얻기까지 포기하지 않았다. 회피한 자는 알 수 없는 답을 그는 찾고자 했다. 배신당한 자신을 직면하기가 쉬웠을까. 그는 기어서라도 그 직면의 자리에 다시 갔고 답을 찾기까지 내려오지 않았다. 그의 말대로 살아야 알아지는 답들, 살아있어서 알게 된 답들이었지만, 그 답은 살아있는 것이 얼마나 비겁한 일인지 알려준다.

41년 44일째 밝아오는 새벽, 마침내 헨릭은 길고 길었던 질문에서 놓여난다. 분노와 증오에서 해방되어 이해와 용서에 이르고 비로소 안식에 이른다.

기존 작가들과는 다른 이 헝가리 작가의 독특한 표현과 문체에 신선한 매력을 느꼈다. 과연 남자의 작품이다. 작가가 이야기를 끌어가는 방식도 짜놓은 문양도 매우 남성적이다. 동유럽 특유의 정서도 있겠지만, 우리 문학과 문화에도 분명히 존재했던 아버지와 아들 사이의 교감과 신뢰를 보여주는 장면들, 아버지다운 아버지, 어른다운 어른, 남자다운 남자를 보여주는 장면들은 잊었던 것을 다시 찾은 듯한 감동을 주었다.

아, 음악을 기즌으로 양쪽으로 나뉜 사람들이 서로에게 끌리는 것에 대해서 작가의 견해는 다음과 같다. 당신의 인생에 도움이 되기를 바라며 여기에 옮겨본다.

> 우리는 언제나 '다른 사람'을 사랑하고, 어떤 상황에서 어떤 변화를 겪든 언제나 '다른 사람'을 찾기 때문일세. 이런 것쯤은 자네도 벌써 알고 있겠지? 삶의 가장 큰 비밀과 최대의 선물은 '비슷한 성향'의 두 사람이 만나는 것일세. 그런 경우는 아주 드물다네. 그 이유는 자연이 술수와 힘을 사용해 그러한 만남을 방해하는 데 있을 걸세. 서로 영원히 희구하는 대립된 성향의 사람들 사이에서 생겨나는 긴장이 세계 창조와 삶의 개혁을 위해 필요하기 때문이 아닐까.

이 아름다운 작품을 내 어눌한 단어로 전달하자니 부끄럽다. 부디 이 허술한 요약본을 읽고 만족하지 마시길. 원작을 읽으며 세세한 터치에서 오는 감동을 놓치지 마시길 부탁드린다. 당신 안의 열정이 이미 사라졌다 하여도 어디서 불씨가 날아올지 아무도 모르는 일이다.

어니스트 헤밍웨이
Ernest Hemingway, 1899–1961

노인과 바다
The Old Man and the Sea

The man who read

✣

 '한 노인이 애를 써서 큰 물고기를 잡았는데 돌아오는 동안 다른 물고기들이 다라오면서 그 잡은 물고기를 다 뜯어 먹는다. 노인은 그런 줄도 모르고 오다가 항구에 도착해서 보니 뼈밖에 남은 게 없더라.'

 어디서 이런 정보를 얻었는지 기억나지 않지만 '세상에! 이런 허무하고도 어리석은 이야기를 뭐 하러 읽나?' 싶어서 최근까지도 이 책을 읽지 않았다. 밑 빠진 독에 물만 붓는 일을, 그것도 노인이? 힘 빠지는 이야기는 읽고 싶지 않았다.

 '안 그래도 내 앞에 떨어진 인생이라는 게 밑 빠진 독에 물 붓기인 것 같은데.'

 지금 이 책을 읽는 독자들은 눈치를 챘겠지만 내가 고른 세계문학 12권의 주인공은 모두 남자고, 뒤로 갈수록 그들의 나이는 많아지고 있다. 실은 순전히 이런 이유로 마지막이자 열두 번째 책으로 《노인과 바다》를 선택했다.

물론 작가로서 '어니스트 헤밍웨이'에 관심은 많았다. '글쓰기 선생님으로도 더없이 좋은 작가'라는 말을 듣고 뭐라도 하나 얻어 가고 싶었지만, 앞서 말한 이유로 《노인과 바다》가 읽기 싫었다. 그럼 《누구를 위하여 종은 울리나》 읽지 그랬느냐고? 전쟁 영화도 싫은데 전쟁 소설을 어떻게 읽겠는가. 하여간 이 핑계 저 핑계 대며 그의 작품을 읽을 생각을 여태 안 했다. 하지만 내 책에 실어야 하는 노인을 모셔 와야 하는 때가 되자, 이 책이 떠올랐다. 이제는 읽어야 한다.

첫 장을 넘기면서 나는 이야기에 쭉 끌려 들어갔고, 이 짧은 소설이 왜 헤밍웨이에게 노벨 문학상을 안겼는지 이해가 갔다. 그러자 이어서 드는 의문.

'왜 책 소개를 제대로 해주지 않은 거야? 잡은 물고기가 다 뜯어 먹히도록 노인은 모르고 있었던 게 아니었잖아? 쫓아오는 상어들과 사투를 벌여가며 잡은 물고기를 지키려고 최선을 다했다는 얘기를 해줬어야지. 그건 밑 빠진 독에 물 붓기가 아니잖아!'

밑이 빠진 것을 아는 것과 모르는 것은 천지 차이다. 빠진 부분을 메워보려고, 거기에 물을 담아보려고 최선을 다하는 건 전혀 다른 이야기니까.

❖

　노인의 이름은 '산티아고'. 아내는 먼저 세상을 떠났고, 둘 사이엔 자식이 없다. 한때 바다를 주름잡던 어부였으나 지금은 84일째 한 마리도 낚지 못하는 심각한 슬럼프에 빠져 있다. 집에는 쌀 한 톨 없다. 이토록 가난하고 외로운 그의 곁엔 한 소년이 있다. 다섯 살 때부터 자기 배에 태워 고기 잡는 법을 가르쳤던 이 소년을 벗 삼아, 동료 삼아 지내왔다. 하지만 노인이 계속 고기를 잡지 못하자 소년의 부모는 아이를 다른 배에 태워서 일하게 한다. 그러나 소년은 시간이 날 때마다 노인에게 와서 그를 보살피고 시중을 들고 있다.

　85일째 되는 새벽, 노인은 먼바다로 고기를 잡으러 나가서 인생 최대어를 낚는 행운과 그 고기를 남김없이 뜯기는 불운이 교차하는 사흘 밤낮을 보낸다. 이 3일의 이야기가 작품의 대부분을 차지한다.

　말 못 하는 바닷속 거대 생물과 한 늙은 인간이 각자의 경험과 연륜, 기술과 의지를 총동원하여 한 치의 양보 없이 펼쳐지는 팽팽한 대결이 펼쳐진다. 망망대해 위 작은 조각배에 고립된 노인의 끊임없이 이어지는 생각과 독백을 통해 그가 어떤 인물이며 어떤 생을 살아왔는지 독자들은 알아간다.

　살아 돌아온 그는 패잔병인가. 대가리와 뼈만 남은 5미터가 넘는 청새치는 그의 찬란한 전리품이다. 사투에 지쳐 쓰러져 잠든 노인을 보며 소년이 보이는 눈물, 소년은 무엇을 짐작했기에 그렇게 눈물을 쏟았을까. 소년이 눈물을 닦고 또 닦으며 이야기는 끝이 난다.

내가 태어나고 자란 곳이 항구도시였다. 그 도시에 최근 붙은 별명이 '노인과 바다'라고 해서 웃음을 터뜨렸다. 한때는 애들이 버글버글했는데 정말 '웬일이니?'다. 해수욕장과 항만이 있지만 고기잡이 어선이 드나드는 어촌은 아니어서 나는 해양도시 출신답지 않게 아직도 비린내에 비위가 상하고 물고기 비늘 촉감에는 진저리를 친다. 당연히 바다 수영은 꿈도 못 꾸고, 바다낚시는 언감생심. 아는 생선도 마트에 누워있는 종류에 국한되고, 생선회는 상추와 깻잎을 겹겹이 올리고 초장과 쌈장을 바르고 고추와 마늘로 틀어막아서 당최 생선 맛을 느낄 수가 없다.

그나마 바다에 대해 뭘 좀 아는 게 있다면, 휴가철 바다보다는 인적 드문 평소의 바다가 더 좋고, 해가 쨍하게 뜬 바다보다는 해가 지는 바다, 구름이 잔뜩 낀 바다, 폭풍 치는 바다가 비교도 못 할 만큼 멋지다는 걸 아는 정도이다. 그래서 이 작품 속에서 생중계되는 한 어부의 사흘 밤낮에 대한 나의 생경한 충격은 태어나서 바다를 한 번도 본 적 없는 내륙 국가 출신 아줌마의 그것과 비슷할 것이다.

분량은 많지 않지만, 한 호흡으로 처음부터 끝까지 읽어야 하는 고충은 있다. 숨 쉴 틈이 없다. 글을 시작하여 끝날 때까지 나눠놓은 부분이 하나도 없으니 마음먹고 시작해야 한다.

✢

 노인 산티아고는 매일 아침 눈을 뜨자마자 신문부터 찾아 읽는다. (주인공이니까.) 조간신문에서 급하게 뒤져 꼼꼼히 읽는 곳은 오늘의 스포츠란이다. 비록 야구 관련 기사만 읽지만 오랜 시간 공들여온 독서였기에 야구에 대해서는 모르는 게 없고, 선수와 팀에 대한 자기만의 기준도 뚜렷하다.
 1950년대 쿠바의 한 바닷가 카페 발코니에 앉아서 신문과 커피로 모닝 루틴을 끝낸 이 할아버지는 곧바로 일어나 수만 년을 거슬러 올라가 호모 사피엔스가 되어 조각배를 밀고 바다로 나간다. 거침없이 노를 저어 멀리, 더 멀리 바람을 맞으며 바다의 향을 맡으며 나아간다. 먹지 못하면 죽는 운명 앞에서 망설임이란 없다. 육체와 정신에 매우 진하게 농축되어 있는 이 호모 사피엔스의 채취. 이미 신문지 석유 냄새도 커피 향도 날아간 지 오래, 바닷속 물고기들이 이 인간의 냄새를 알아챌 수 있을 것만 같다. 그의 DNA가 풍기는 냄새로 말이다.
 고기잡이에 관한 정보로 가득한 두뇌, 그 정보를 찾아내고 통제할 수 있는 능력, 단련된 육체, 숙달된 기술, 생명과 자원을 구분하는 정신, 생명에 대한 존경, 자원에 대한 무자비, 비록 지금은 혼자지만 동료들과의 연대로 가득했던 지난날, 가상의 실제를 살 수 있는 상상력, 사흘 밤낮을 혼자서 추억하고 소환하고 소원하고 기원하며, 스스로를 달래고 일깨우며 위로하고 응원하며 끊임없는 생각, 생각, 생각 그리고 이어지는 말, 말, 말.

이 사피엔스적 특징이 어찌나 강하고 인상적인지 읽는 내내 나는 과연 주인공과 같은 종이 맞는지, 즉 나도 호모 사피엔스가 맞는지 의문이 들 정도였다. 바다 세계가 제 손바닥 안인 듯 훤히 꿰뚫고 있으며 바람과 태양과 달과 별이 나침반이 되고 시계가 되고 기상 안내 방송이 되고 또 친구가 되어 길 잃을 염려 없이 밤바다를 누빈다. 그 속에 살고 있는 온갖 물고기들을 알고 그중 특별히 친밀한 친구들이 있고, 그 바다 위를 나는 새들도 친구 삼는다.

84일째 빈손 낚시에도 자신에 대한 신념을 잃지 않고 85일째 바다에 나선 날, 생애를 통틀어 가장 약한 때에 가장 큰 물고기를 이틀 동안의 혈투 끝에 드디어 잡아 올리는 그의 빛나는 실력, 이어서 배에 묶어놓은 청새치의 피 냄새를 맡고 따라붙은 상어들을 단칼에 급소를 찔러 둥둥 떠내려가게 만드는 놀라운 사냥 능력, 이가 없으면 잇몸으로, 칼이 없어지자 몽둥이를 들어 급소를 때려가며 상어 떼를 쫓아내는 두려움 없는 싸움, 이 싸움 내내 잡은 물고기에게 존경과 참회를 보이는 인간성, 추위와

더위와 목마름과 배고픔 그리고 물고기와 대결에 지치고 다친 육신과 흐릿해지려는 정신과의 한판승.

　어부로 태어나 어부로만 살아왔기에 이 모든 것이 가능함에도 내가 느끼는 이 유별난 감동의 실체가 뭘까? 나의 생과 겹치는 부분이 하나도 없는 이야기임에도 불구하고 한 노인의 인간성, 그 위대함과 따뜻함을 뜨겁게 그리고 진하게 보여주는 이 작품은 훼손되지 않은 인간애가 이토록 아름답다는 것을 배웠다. 비록 나이 들어 외롭고 약해져 사는 꼴은 비참할 수 있으나 그의 인간성이 그귀하게 살아있어 어린 영혼이 끌려와 떨어지지 않으려 한다. 이 둘의 조화로움에 내 마음이 큰 위로를 받았다.

　인간은 파멸당할 수는 있을지 몰라도 패배할 수는 없어.

　이 작품의 대표 문장이다. 하지만 내가 보기에 이 문장은 주인공에게 어울리지 않게 지나치게 유식하다. 오히려 다음 문장이 더 어울린다.

　난 녀석(잡은 고기를 말한다)에게 인간이 어떤 일을 할 수 있는지, 또 얼마나 참고 견뎌낼 수 있는지 보여줘야겠어.

작품 속에는 이런 문장들이 차고 넘친다. 하나도 특별한 것 없는 인생을 산 한 늙은 어부가 거대한 생명체와 힘과 지혜를 겨루는 이 순간, 시시각각 그의 생각 속으로 파고드는 낙심과 포기가 채 뿌리를 뻗기도 전에 그의 입에서 나오는 말이 뿌리를 몽땅 걷어내 버린다. 매번.

이기고 지는 것이 아무 의미가 없고 그럼에도 어쩔 도리가 없다는 인생의 비밀을 안 자의 입에서 나오는 모든 말이 에너지가 되어 그를 다시 일으켜 세우고 정신을 차리게 하여 그는 마침내 포구로 돌아온다.

작품이 끝날 때까지 이어지는 상어들과의 혈투가 꼭 노인이 펼치는 자기 자신과의 정면승부로 보였다. 그 모습을 지켜보면서 때마다 포기하고 돌아서고 낙심하여 결국 패배감에 잠겨 살았던 내 모습이 또렷하게 보여서 쓴웃음이 나왔다.

부엌에 먹을 게 하나도 없었던가, 베고 잘 베개 하나 없었던가, 이리저리 기운 옷을 입고 살았던가, 아침에 마시는 밀크커피 한 잔이 그날 먹을 것의 전부였던가. 나는 뭐가 모자라서 그렇게 불안했던가.

어부의 삶이란 이렇게 뻔함에도 그에게는 낙심이 보이지 않는다. 그는 결코 자신의 삶을 타인과 비교하지 않기 때문이다. 모두가 고기를 낚고 자기만 84일째 아무것도 낚지 못해도 그는 '운이 없을 뿐, 또 언젠가 운이 오겠지, 나도 대단한 놈들은 낚았던 날들이 있었어' 생각하며 모두의 놀람 속을 유유히 지나간다. 더 나아질 것도, 더 나빠질 것도 없는 삶이었지만, 자기 삶을 비관하는 기색 하나 보이지 않는다. 한낱 비참해 보이는 삶에 도무지 어울리지 않게 빛처럼 반짝이는 자긍심, 이것을 받쳐주는 평생 갈고닦은 기술, 이것이 이 노인이 가진 재산이다.

✢

또 하나, 다섯 살 때부터 자기 배에 태워 함께 바다로 나가 낚시에 관한 모든 것을 가르쳐줬던 소년. 이들은 어떤 시간을 보냈기에 스승과 제자로, 아버지와 아들로, 동료 어부로, 마음 맞는 친구로, 같은 열성 야구팬으로 지낼 수 있는 것인가.

한 인간이 다른 인간에게 줄 수 있는 진심과 사랑이 어떤 것까지 만들어낼 수 있는지를 이 두 사람은 보여준다. 노인과 소년의 짧고도 소박한 대화에는 서로를 향한 연민과 신뢰, 애정이 가득하다. 오해나 의심 따위의 시시한 것들은 없다. 가난하고 외로운 노인을 위해 소년이 보여주는 극진한 보살핌은 상어들에게 다 뜯어먹혀 대가리와 등뼈와 꼬리만 남아 어마어마한 크기만 짐작게 하는 청새치를 잡아 오느라 지쳐서 쓰러진 노인의 얼굴과 상처투성이가 된 손발을 보고 눈물을 참지 못하는 흐느낌으로 이어진다. 이 작품에서 가장 아름다운 장면이다.

마침내 노인이 잠에서 깨어났다.

— 일어나지 마세요.

소년이 말했다.

— 이걸 드세요.

소년은 유리잔에 커피를 조금 따랐다.

노인은 그것을 받아 마셨다.

— 그놈들한테 내가 졌어, 마놀린. 놈들한테 내가 완전히 지고만 거야.

노인이 말했다.

— 할아버지가 고기한테 지신 게 아니에요. 고기한테 지신 게 아니라고요.

— 그렇지, 정말 그래. 내가 진 건 그 뒤였어.

— 페트리코 아저씨가 배와 어구를 손질하고 있어요. 고기 대가리는 어떻게 하실 거예요?

— 페트리코더러 잘라서 고기 잡는 덫으로나 쓰라고 하지.

— 그 창날 같은 주둥이는요?

— 갖고 싶거든 네가 가지렴.

— 제가 갖고 싶어요. 이제 우리는 다른 일에 대해서 계획을 세워야 해요.

소년은 말했다.

— 사람들이 나를 찾았니?

― 물론이죠. 해안 경비대랑 비행기까지 동원됐어요.
― 바다는 엄청나게 넓고 배는 작으니 찾아내기가 여간 어렵지 않았을 테지.
노인이 말했다. 그는 자기 자신과 바다가 아니, 이렇게 말 상대가 될 누군가가 있다는 게 얼마나 반가운지 새삼 느꼈다.
― 네가 보고 싶였단다. 그런데 넌 뭘 잡았니?
노인이 물었다.
― 첫날에는 한 마리 잡았고요. 이튿날에도 한 마리, 그리고 셋째 날엔 두 마리나 잡았어요.
― 아주 잘했구나.
― 이젠 할아버지하고 같이 나가서 잡기로 해요.
― 그건 안 돼. 내겐 운이 없어. 운이 다했거든.
― 그런 소리 하지 마세요. 운은 제가 갖고 가면 되잖아요.
소년은 대꾸했다.
― 네 가족들이 뭐라고 하지 않을까?
― 상관없어요. 어제도 두 마리나 잡았는걸요. 하지만 전 아직도 배울 게 많으니까, 이제부터 할아버지와 함께 나갈래요.
― 내가 없던 동안에 온 신문이 있거든 좀 가져다주렴.
노인이 말했다.
― 얼른 나으셔야 해요. 전 아직 할아버지한테 배울 게 너무 많으니까요. 또 할아버지는 제게 모든 걸 가르쳐 주셔야 해요. 대

3부 열정의 끝에서 259

체 얼마나 고생을 하신 거예요?

― 많이 했지.

노인이 대답했다.

― 그럼 드실 것이랑 신문을 가져올게요.

소년이 말했다.

(중략)

소년은 문밖으로 나와 발길에 닳고 닳은 산호초 길을 따라 걸어 내려가면서 또 엉엉 울었다.

이쯤 되면 이 책의 제목은 '노인과 소년'이어야 하지 않을까.

내가 잃은 것은 무엇인가. 호모 사피엔스적 영민함과 대담함, 그리고 끈질긴 생명력을 잃었다면, 우리가 인간적이라고 일컫는, 너무나 인간적인, 인간이 인간과, 인간이 인간에게, 인간만이 인간에게 전할 수 있고 또 전해야 하는 사랑이라는 것, 진심이라는 것. 이것까지 잃고 사는 것은 아닐까.

내게 이런 질문을 계속했던 책, 《노인과 바다》.

내 삶에 야생을 선물하고, 바다에서 상어란 놈을 만나면 죽는 수밖에 없는 줄 알았는데, 인간이 얼마나 강한 존재인지 보여도 주고, 아무것도 아닌 것에 내가 겁부터 먹고 뒤집어쓸 뭔가를 찾느라 분주했던 건 아니었는지 돌아보게 해준 고마운 책이다.

뭍에서는 비루했으나 바다에서는 용감무쌍했던 노인. 내 비록 비루한 꼴을 감수하며 살지만, 내가 빛나는 나만의 바다가 어디 한 평쯤은 있겠지. 나의 바다를 찾으러 가자. 가보자.

부록

이 책에 나오는 작품의 출간 연도와 중요 세계사 연대

1833년　『예브게니 오네긴』 출간

1847년　『폭풍의 언덕』 출간

1901년　제1회 노벨문학상 수여

1904년　『페터 카멘친트』 출간

1906년　『수레바퀴 아래서』 출간

1910년　대한제국 국권 피탈

1918년　제1차 세계대전 종전

1919년　『데미안』, 『달과 6펜스』 출간

1920년　미국 금주법 시행 (1933년 폐지)

1925년　『위대한 개츠비』 출간

1929년　미국 대공황 시작

1939년　제2차 세계대전 발발

1942년　『이방인』 출간, 『열정』 출간

1945년   제2차 세계대전 종전,
         헤르만 헤세 노벨문학상 수상

1950년   한국전쟁 발발

1951년   『호밀밭의 파수꾼』 출간

1952년   『노인과 바다』 출간

1953년   어니스트 헤밍웨이 노벨문학상 수상

1955년   『롤리타』 출간

그 남자는 책을 읽었다

초판 1쇄 발행	2025년 6월 25일

지은이	최에스더
편집	최지설
표지 디자인	김하나
본문 디자인	jeon
펴낸곳	사부작북스
펴낸이	최지설

전화	070-8065-7771
등록번호	제 2024-000082호 (2024년 7월 1일)
주소	서울시 종로구 옥인1길 18 B01호
전자우편	sabujakbooks@gmail.com
홈페이지	sabujakbooks.com
인스타그램	@sabujakbooks

ⓒ 최에스더 2025
ISBN 979-11-988657-5-5 (03810)

* 저자와의 협약 아래 인지는 생략합니다.
* 이 출판물은 저작권법에 보호를 받는 저작물이므로 무단 전재와 무단 복제를 할 수 없습니다.